U0518234

丛书编委会

大家精要
典藏版丛书

简读

佐藤铁太郎

段廷志
陈 华 著
闫雪昆

陕西师范大学出版总社　西安

图书代号　SK24N1937

图书在版编目(CIP)数据

简读佐藤铁太郎 / 段廷志，陈华，闫雪昆著 . — 西安：
陕西师范大学出版总社有限公司，2025.5
　（大家精要：典藏版 / 郭齐勇，周晓亮主编）
　ISBN 978-7-5695-4153-3

　Ⅰ.①简… Ⅱ.①段… ②陈… ③闫… Ⅲ.①佐藤
铁太郎（1866-1942）-人物研究　Ⅳ.① K833.135.2

中国国家版本馆 CIP 数据核字（2024）第 028162 号

简读佐藤铁太郎
JIAN DU ZUOTENG TIETAILANG

段廷志　陈　华　闫雪昆　著

出 版 人	刘东风
策划编辑	刘　定　陈柳冬雪
责任编辑	熊梓宇
责任校对	陈柳冬雪
封面设计	龚心宇　张潇伊
出版发行	陕西师范大学出版总社 （西安市长安南路 199 号　邮编 710062）
网　　址	http://www.snupg.com
印　　刷	深圳市福圣印刷有限公司
开　　本	889 mm×1194 mm　1/32
印　　张	6.5
插　　页	4
字　　数	114 千
版　　次	2025 年 5 月第 1 版
印　　次	2025 年 5 月第 1 次印刷
书　　号	ISBN 978-7-5695-4153-3
定　　价	49.00 元

读者购书、书店添货或发现印装质量问题，请与本公司营销部联系、调换。
电话：（029）85307864　85303629　　传真：（029）85303879

目　录

日本的马汉——佐藤铁太郎的思想与人生 /001

第 1 章　佐藤铁太郎的成长 /004

成长于海上贸易之乡的佐藤铁太郎 /004

佐藤铁太郎的一生 /012

第 2 章　佐藤铁太郎的时代 /017

马汉时代的来临 /017

日本海军的兴起 /026

近代日本的海洋扩张 /038

第 3 章　佐藤战略理论的渊源与发展 /059

佐藤思想产生的理论渊源 /059

佐藤理论的鹊起 /069

第 4 章　让陆军震怒的《帝国国防论》 /086

与陆军扩军论唱反调的军备论 /087

确定军备水平时需要调查的事项 /115

关于国防三线 /137

如何确定作为国防主干的海军实力 /151

第 5 章　传世之作与海战秘籍 /167

自强将命与日本国防 /168

陆军与海军对人口的影响 /171

对周边国家的应对方针 /173

海战秘籍《海军战理学》/177

第 6 章　佐藤理论的湮没与复活 /181

理论家的悲剧宿命 /181

佐藤理论遭遇的围攻 /185

日本对近代国防战略和海军战略的反思 /188

佐藤铁太郎思想的复活 /193

附录 /197

年谱 /197

主要著作 /199

参考书目 /199

日本的马汉

——佐藤铁太郎的思想与人生

佐藤铁太郎是日本明治时期的海军军官，被誉为"日本海军第一代战略家"，官至海军中将。佐藤有"日本的马汉"之美誉，其军事思想深受中国古代著名军事家孙子和美国"海权论之父"马汉的影响。佐藤铁太郎所生活的年代是日本帝国主义崛起的年代，从中日甲午战争、日俄战争到"九一八"事变，在亚洲崛起中的日本帝国海军也日益沦为日本帝国主义的"战争机器"。佐藤铁太郎的海权思想，自然反映出这种帝国主义的扩张本质。

佐藤铁太郎以马汉的海上权力学说为基础，借鉴英国的海上霸权实践，以及中日甲午海战和日俄战争中海战的实战经验，发表了《帝国国防史论》等一系列著作。他反复强调，日本作为岛国，无论是保卫国土，还是对外扩张，必须以控制制海权为前提，制海权对于岛国日本赢得战争的胜利，或保证国家的生存和发展都具有生死攸关的重大意义。他还提出，日本要想"维护在大陆拥有的权益"，必须拥有"东亚的制海权"。

他极力鼓吹"海洋扩张论"和"并守南进论"，强调日本与英国地理环境相似，同为海洋民族，应向英国学习，向海洋扩张，把日本建成"亚洲的英国"，把建立"海洋帝国"作为日本发展的根本战略目标。佐藤的观点得到了日本海军的广泛认同，基本上反映了日本海军最高当局的战略思想动向。然而，这一主张却遭到了日本陆军的反对，引发了日本陆、海军在军备发展问题上的不断争论。

佐藤铁太郎一生共撰写了《国防私论》《帝国国防论》《帝国国防史论》《海军战理学》及《国防新论》五部著作。佐藤铁太郎比马汉小 25 岁，1892 年即马汉《海权论》问世两年后，时任海军大尉的佐藤撰写了《国防私论》一书，首倡日本国防应以海军为主导，海军优先于陆军，采取"海主陆从"战略。1901 年，佐藤在游历英、美回国后撰写《帝国国防论》，极力主张日本应当效法英国强化海军力量。在该书中，佐藤详细论述了作为"海洋之国""岛屿之国"的日本应以英国为典范，强化海军战略构筑"一线国防"的主张。1907年，佐藤任海军大学校教官，讲授"海防史论"。他的讲义后经进一步充实史料而成《帝国国防史论》一书（1908），后成为指导日本海军发展的经典著作。《帝国国防史论》一书也是近代日本海军战略的代表作，反映出日本海军基于自身历史和地缘特征的战略思考。

20世纪30年代之后，随着大陆扩张政策的全面展开，佐藤主张的海军战略理论被日本执政者乃至日本海军高层所抛弃，佐藤本人也被迫退役到国会贵族院担任无任何实权的议员，1942年3月在太平洋战争的隆隆炮声中寂寞辞世。第二次世界大战结束后，佐藤铁太郎在很长一个时期被日本人所忘却。然而，进入21世纪以来，日本的海洋安全战略再度走向历史性扩张，"海洋立国论"逐渐高涨，长期被遗忘的佐藤铁太郎及其理论再度被日本人记起，并被奉为"日本的马汉"。

第1章

佐藤铁太郎的成长

成长于海上贸易之乡的佐藤铁太郎

佐藤铁太郎的故乡是日本山形县鹤冈市，北临被称为"出羽富士"的鸟海山，南临风景名胜笹川河，东临日本神道三大圣地——出羽三山，即羽黑山、月山、汤殿山，西临日本海。在明治维新以前，这里属于幕府所辖的羽前国庄内藩，该国地理上类似于欧洲荷兰的中继交易地，由于濒临大海，航运方便，曾长期是日本的海上商贸枢纽，从北部有来自北海道的海产品，从西部有来自京都等地的物产，通过最上川的水运，大米和化妆品原料等汇集到此地。位于最上川河口的酒田和因拥有天然避风港而商船云集的加茂，都出过许多名商巨贾。这些富商依托地理之便都通过海上贸易积累了巨额财富。庄内地区这种崇尚海上通商的历史和风土文化对佐藤的价值观产生了重大影响，使他比那些出身于关东平原的日本人更具有浓厚的海洋文化意识。

不过，并不是所有的日本人都拥有佐藤家乡这样的浮海经商传统。与天生把海洋与财富联系在一起的传统海洋国家荷兰、英国不同，很多日本人对本国"海国"意识的产生更多是与18世纪之后国家面临的外部威胁相联系的。日本军事评论家江畑谦介在其著作《世界の纷争日本の防卫》中提到："关于日本从真正意义上讲是否是一个海洋国家，也许有人会质疑这个国家的国民是否充分认识到利用海洋的意义和对海洋的依赖性，然而从国家几乎百分之百依赖海洋交通和海洋资源生存这一点来看，日本当然是一个海洋国家。"而早在18世纪后期，日本著名的海防思想家林子平就曾经撰写《海国兵谈》一书，强调了日本作为海洋国家的特性。他在著作的自序中说："什么是海国？海国就是没有陆地上的邻国、四面都被海包围起来的国家，海国必须有与海国相当的武备。以前，海国既容易遭受外寇来袭，又不易遭受外寇来袭。说其容易，是因为敌人所乘军舰顺风时，仅需一两日即可从远海抵达日本。正因为此，为了防备敌人的海上入侵，日本必须要拥有强大的海军军备。说其不易，是因为日本四面均有大海鲸波之险，敌人难以随意来袭。但也正因为有大海之险可恃，所以日本又容易懈怠于军备。"庄内地区的人们以自身的生存体验，能够感受到日本通过大海与世界的联系之密切，更容易对林子平的"海国"观产生共鸣。事实上，半个世纪前的林子平向国人敲响的警钟一直长久回荡在佐藤的心中，促使他自少年时起就产生了投身海军的想法。

同世界上其他民族不同的是，日本还拥有独特的地缘位置和一段与众不同的"锁国"历史。从地缘角度看，日本位居中国大陆外边缘地带，长期与疆域辽阔、人口众多、国力强盛的中国为邻，自然深受大陆文化的熏陶，很多日本人对中国大陆的风土民情充满仰慕之情，在古代，上层贵族都以拥有中华典籍、会吟咏汉诗为荣。这种仰慕发展到极致便在一些日本人心中变成了贪婪，甚至为此产生过强烈的大陆扩张意识。从历史角度看，早在17世纪，西班牙、葡萄牙、英国殖民贸易的触角就伸到了日本，天主教也随着贸易在日本广泛传播开来，逐渐威胁到了日本儒教的天地人伦观、神道教确立的等级身份制度。自视为"东照大神化身"的德川，非常担心日本由此变为"魔国"——对外贸易和文化交流已成为威胁德川幕府意识形态、政治、国防的重大问题。于是，德川幕府开始残酷镇压天主教，并于1633年颁布"锁国令",禁止日本人与荷兰、中国、朝鲜以外的国家交往,违者处以极刑。此后两百多年间,日本始终处于高度封闭状态,与海外的交往十分稀少。上述独特的地缘特征和"锁国"历史,使得日本虽然与英国一样是四面环海的岛国,但却具有强烈的"大陆情结"。正是这种"情结"使得佐藤铁太郎"海洋立国"的梦想不断被当时的社会扭曲,遭遇挫折,也决定了佐藤空有抱负、黯然魂销的宿命。

1853年7月,美国海军准将佩里率领四艘烟囱里冒着黑烟、船身也漆成黑色的军舰驶进江户湾,亮出让日本人惊骇不已的大炮等火器,强硬要求德川幕府接受美国国书。突然到来的军舰打破了日本幕府的"太平梦"。后世日本人把这次不速之客的到来称为"黑船事件"。六个月后,舰队再次闯入日本,并强迫缔结《日美神奈川条约》,日本的大门终于被美国打开,延续了两百多年的"锁国令"因此变成废纸。从此,日本被迫开国、开港,结束了长达两百余年的锁国政治。面对欧美列强来自海上的入侵,日本国内的"攘夷"势力也一度想拒敌于国门之外,但结果和中国一样以失败告终。1864年,美、英、法、荷四国联合舰队发动下关战争,出动17艘军舰,5000名官兵,288门大炮,并派遣陆战队登陆摧毁了岸上炮台。日本被迫讲和并支付赔款300万美元。此后,幕府被迫与美、荷、俄、英、法依次签订了同样的通商条约，总称"安政五国条约"。"安政五国条约"在"亲善""友好"的名义下将日本置于半殖民地的地位。在被迫开国后，日本对外贸易迅速增长，大量黄金外流，物价飞涨，农民、城市贫民和下级武士生活艰难，与富有阶层、幕藩统治者之间的矛盾加剧，萨摩、长州、水户等强藩与幕府的矛盾加深。内外矛盾的交织上升，推动了日本国民改革维新意识高涨，以"萨长同盟"为主力的强藩与下级武士相结合形成强大的政治军事势力，在19世纪60年代掀起了声势浩大的倒幕运动，要求幕府还政于倾向维新的天皇，抵御欧美的殖民侵略，并逐渐演变为大规模内战——戊辰战争。

在日本国内这场"倒幕"派与"佐幕"派之间的战争中，佐藤铁太郎的父亲所追随的庄内藩不幸站在历史的阴面——"佐幕"派一边。庄内藩的藩主酒井家是世代名门，坚持辅佐幕府，在戊辰战争中抗战到最后，幸运的是最后并未"玉碎"，家破人亡，而是在西乡隆盛的斡旋下，得以在宽大的条件下与维新势力讲和。1871年，明治政府推行废藩置县政策，庄内藩像日本国内的其他藩一样成为历史，很多旧藩主陆续放弃自己的地盘，搬到东京定居，以靠近亲政的天皇为荣。然而，只有庄内藩的旧藩主酒井氏在位列华族、获伯爵之后，仍继续留在庄内，为士族（**明治维新后**，授给武士阶段的族称之一，在华族之下，平民之上）的产业尽力，酒井家族与旧臣之间仍以御家禄派的形式维持着主从关系。不过，对这些失去了地盘的旧藩主来说，虽然从维新政府那里得到了新的名分，但日子却越过越艰难了，不得不节衣缩食，向明治新政府巨额献金。在戊辰战争中落败的东北诸藩中，庄内藩虽然没有遭受会津藩那样地狱般的辛酸，但在新政府的勒索下，也财政困窘，资金短缺，不得不放弃日本东北的经济开发事业。

佐藤铁太郎正是在国家与故乡发生大变革的节骨眼上来到人世的。他1866年出生于庄内藩，亲生父亲是该藩的藩士。1868年，他的生父去世，遂按照日本风俗过继给佐藤家做养子，在家乡的小学读书。与参与"倒幕"派的萨摩藩和长州藩相比，庄内藩等多数"佐幕"的藩国都推崇儒家文化。明治维新开始后，整个日本在政府的推动下掀起了欧化浪潮，到处都在倡导喝牛奶、穿西装，以与洋人结交为荣。然而，佐藤家乡的很多人却看不惯"旧敌"明治政府的维新政策，不愿与维新势力同流，这些藩的旧贵族在子弟教育上坚持以儒学修身，以"修身齐家治国平天下"为理想。儿时的佐藤正是在残留"佐幕"派精神的风土环境中生长的，所受到的教育和熏陶对他成名后的思想形成产生了深刻的影响。佐藤的著作中不仅大量引用他熟悉的《孙子兵法》，而且还经常使用《诗经》等汉语书籍的语言。

从幕末到明治时期的国家动乱中，日本国内政治伦理混乱，充满了"胜者为王败者寇"的思想。这种思想也成为明治时期对外武力扩张的精神基础。但是，在日本人中也有一些对此不以为然，主张内政外交宽仁自制者。深受儒学熏陶的明治道德家和思想家西村茂树，在明治十五年（1882）视察山口县时，就主张对农民采取宽仁政治。在他的干预下，山口县从地租改正时期起地价就设定得比其他县低。山口县居民称："非常侥幸，此后的县令也畏惧西村茂树这位政府显要，民生通常以宽大为主。"西村还曾就甲午战争的战后处理向政府提出警告，反对政府向中国索取巨额赔款和割地，称："不能将侵略作为国家大计，侵略他国是强盗行为，海陆的军备应仅用于本国防卫，不应干涉他国的内政。以前对朝政策就是最大的错误。"他与重视儒教的谷干城陆军中将均属反对大陆扩张的少数派。西村茂树的这种价值观和主张无形中对佐藤也产生了一定影响。加之佐藤又出生于被称为"贼军"的"佐幕"派之藩，自小就品味到了失败者的悲哀，因此与明治时代仰慕欧化的大部分日本人所不同，其战争观和哲学观渗透着儒家思想的因子。

佐藤虽然作为日本海军军官参加了甲午战争对中、朝两国的侵略，但却在战后回顾这一战争时曾表示："我深深体会到，失败的敌人中也有勇者，不要侮辱敌人。胜败是时运，我军习惯于胜利，生疏于战败，要经常提高警惕，研究败战，总结经验。"佐藤通过将视点置于败者一方，从而得以拥有更深刻的历史观，养成了战略理论家必备的辩证思维意识。事实上，要想认清大局，站在敌方的立场思考是有效的。在不能准确进行形势判断时，作为棋手，有时应当故意转到对手一侧观看棋局，从不同的角度上观察事物，修正以自我为中心的观点。由于深受故乡历史文化的熏陶，成长于明治时代的佐藤既固执于忠君报国，"维护"大日本帝国的"尊严"，又看不惯陆军将领在胜利后的飞扬跋扈，在国策方面强调自重自制。与当时天天叫嚷维新、武运、国威的改革派不同，佐藤反对全面否定德川时代，而是倾向于积极灵活运用德川时代的战略思想遗产。

当然，家乡环境对一个人成长的影响并非是决定性的。同样在佐藤的家乡，日本帝国时代的山形县还出了一名陆军中将石原莞尔（1889—1949）。此人算是佐藤的晚辈，其父亲与佐藤一样也是旧庄内藩的藩士，只是不曾像佐藤那样受过寄人篱下之苦。与佐藤儿时的聪敏忠顺相比，石原莞尔虽然聪明绝顶，但性格暴躁，上小学时就是一位喜欢打架、让老师头痛的家伙。这样一个人后来上了日本陆军少年学校，逐渐成长为替日本军国主义大陆扩张出谋划策的魔鬼人物。1928年10月，经关东军参谋河本大作推荐，日本陆军大学毕业的石原莞尔被调任关东军参谋。到20世纪30年代，石原成长为研究、实施日军大陆扩张战略的理论家、实干家。他通过一系列文章，提出了先侵略中国东北，进而控制中国，与美国进行"最终战争"的理论和主张，形成所谓"石原构想"。更为奇妙的是，石原在陆军士官学校读书时，还经常到已官至中将的老乡佐藤铁太郎的家里蹭饭、聊天，他对美国的看法几乎全部来自这位曾当过驻美武官的佐藤，一向反对陆军大陆政策的佐藤却无意间呵护出一位执着于大陆扩张的陆军将领，颇具讽刺意味。

佐藤铁太郎的一生

佐藤铁太郎出生于1866年8月22日（庆应二年七月十三日），生父为藩士平向勇次郎，父亲亡故后被同为藩士的佐藤家抚养而改姓。在当时的日本，这种因父亲过世被别人收养、改换门庭的事很多。因此，佐藤铁太郎并未像中国养子那样受寄人篱下之苦，仍得到了很好的教育和抚养。他上小学时学习成绩优秀，在班级一贯名列第一。明治时期的日本尚武风气非常浓厚，当兵是很多男孩的梦想和出人头地的捷径。在这种世风下，佐藤自然也不例外，从小就立志加入海军，1884年以第六名的成绩考入海军兵学校，在校期间其思想深受林子平《海国兵谈》的影响。由于学习优秀，佐藤在校期间获得过学校学术优等奖及品行优良奖，甚至被同期的铃木贯太郎誉为"智囊"。1886年，佐藤在45名同学中以第五名的优异成绩毕业，以候补少尉的身份乘坐"筑波"号参加了赴北美方向的远洋航海实习活动。1887年结束远洋航海实习后，佐藤被授予少尉军衔，担任"鸟海"号炮舰代理航海长，开始步入海军军官之路。

1891年，佐藤铁太郎进入海军大学丙种科学习，次年以第一名的优异成绩毕业，被授予大尉军衔，担任炮舰"赤城"号航海长。这种晋升和任命在佐藤的同窗中是很少见的。1894年（明治二十七年），中日甲午战争爆发，佐藤作为日本海军编队的参谋军官参加了黄海海战。交战中，"赤城"号中弹累累，全部军官非死即伤，舰长阪元八郎太阵亡，佐藤铁太郎自告奋勇，指挥军舰撤退，表现出了出色的军事才能。黄海海战后，佐藤铁太郎又先后担任巡洋舰"浪速"号航海长、海军省军务局课员，于1898年被授予少佐军衔。次年，作为优秀军官，他被选派为驻英国海军武官，1901年又转任驻美国海军武官。1901年10月，在海外历练两年多的佐藤奉命回国，1902年，担任日本海军大学的教官。后来，他又晋升为中佐，先后担任通报舰"宫古"号副舰长、"严岛"号和"出云"号的副舰长。担任"出云"号副舰长仅一个月，由于日俄局势紧张，佐藤被任命为第二舰队首席参谋、作战主任，1905年随舰队司令上村彦之丞参加了日俄战争。在日俄战争对马海战中，佐藤铁太郎及时识破俄罗斯舰队的伪装，准确判断出俄黑海舰队将经过战略要地对马海峡，在海战前一天强烈主张联合舰队在对马待机，反对返回津轻实施封锁。佐藤这一准确判断被认为是日本海军获胜的重要原因。马汉在《论日本海海战》中，曾对日本舰队在战略要地对马以逸待劳迎击俄海军的选择给予了高度评价，称佐藤铁太郎坚持把舰队留在对马海峡居功至伟，是日本夺取海战胜利的关键。

日俄日本海海战对当时列强海军的作战思想产生了巨大冲击。此后，各国海军纷纷开始推崇"大舰巨炮与舰队决战"思想。由于战功卓著，战后佐藤铁太郎被送入日本海军大学深造，开始有充足的时间和机会根据自己的体验和战史资料总结战争的经验教训。因为学习成绩优异，佐藤在校期间尚未毕业即被任命为海军大学教官，教授"海军军备发展的基本理念""日本海军的用兵思想"等课程。毕业后，佐藤铁太郎出任军令部第四班班长（情报）兼海军大学教官，不久晋升为少将。1913年担任日本海军第一舰队参谋长，四个月后又改任军令部第一班班长（海军作战、舰队的编成等）。

第一次世界大战爆发后，日本朝野上下视其为天佑良机，迫不及待地以履行日英同盟义务为借口对德国宣战，企图趁火打劫一举称霸远东。日本海军即以消灭德国远东舰队、西取青岛、南夺德国太平洋属地为主要参战目标。当年，担任海军军令部参谋兼海军大学教官的佐藤迅速主持完成了第一次世界大战初期青岛攻略作战、南洋群岛占领作战等各种作战计划。1915 年，在大战中再立新功的佐藤升任军令部次长。按照当时日本高级军官的任职惯例，军令部次长任期内如没有异常情况，至少要履职一年才能调职。然而，佐藤上任仅四个月，就突然被改任为海军大学校长。此次异常人事变动，据说是因为他试图扩大军令部的权限，冒犯了当时的军令部部长加藤友三郎。1916 年，佐藤晋升为中将。此间，他在军令部岛村速雄部长的关照下，能够针对国防问题陈述见解，但失去了考察欧美、再次留学的机会，不能进一步发展自己的战略思想。1920 年，佐藤调任舞鹤镇守府司令。此后，佐藤再次遭遇其军界天敌加藤友三郎的打击而仕途坎坷，最终因与其观点不合而被解职。1923 年佐藤转入预备役后担任财团法人服务会会长，1934 年为贵族院议员。佐藤战略思想的影响在其被转入预备役后急速减弱，被渐渐忘却。此时，日本大陆扩张已成事实，华盛顿海军裁军会议后，日本海军所关心的集中到裁军问题上，再没有出现从根本上思考日本国防的战略理论家。而此时的佐藤也不再积极研究海军战略问题，转而对宗教产生了兴趣，试图通过传播日莲宗来"救济人心"。

1942年3月4日，在太平洋战争的隆隆炮声中，佐藤身染重病，郁郁而终。此后很长一个时期，日本人似乎完全忘记了他，即使是战后出版的海军相关人士的回忆录，也极少有人谈到佐藤或他的著作。

第2章

佐藤铁太郎的时代

马汉时代的来临

佐藤被当今日本人称为"日本的马汉",这清晰道出了其海军战略思想的渊源其实是欧美国家的海洋扩张实践和理论。佐藤之说实际上是日本版的马汉学说。因此,要理解佐藤的主张就不能不了解马汉学说的国际大背景,不能不追溯欧洲人海洋扩张的历史。

16世纪,欧洲在摆脱黑暗的中世纪之后,资本主义生产关系迅速发展。资本渴望财富和利润的本能促使欧洲各国纷纷加入海上冒险,建立远洋海军,开启了如火如荼的大航海时代。此后,海上殖民贸易的巨大利润又为海上力量的发展提供了充足的资源，支撑起一个个海洋帝国。西班牙无敌舰队就是由西班牙从美洲殖民地运回的财富维持的，而英国海上霸主地位则是由触角广布全球的殖民经济提供物质上的保障。19 世纪中后期，通过南北战争巩固了国家统一的美国也进入了资本主义大发展时期，总结吸取欧洲国家的海外殖民经验，逐步走向了跨洋扩张之路。在此背景下，马汉的海权论应运而生。典型的殖民经济是在世界范围内掠夺尽可能多的殖民地，然后将殖民地发展成为单一的原料供应基地和市场，限制殖民地工业发展。殖民地的原料通过海上贸易运回宗主国，宗主国加工成工业品，满足宗主国市场后，再返销回殖民地，这样资本家就可从中攫取足够的利润。显然，这种典型的殖民经济关键是保持海上贸易的畅通，无论是和其他列强争夺海外殖民地，还是维持海上贸易都需要具备强大的海上力量。殖民经济的命脉在于海上贸易交通线的畅通和海外殖民地的多寡优劣，海上军事力量正是保证以上条件成立的必要因素。主张动用国家权力积极发展海上力量，为资本家攫取巨大利润服务，是西方世界殖民经济时代海权的本质，也是马汉海权论的宗旨。马汉宣称的海权就是殖民经济所获取收益支撑的海权，海权用来扩大殖民经济的规模，夺取殖民地，保证海上交通线的畅通无阻。他的著作和论述因为揭示了殖民主义时代国家扩张和崛起的基本秘诀得以风行世界，成为那个时代很多国家海军将领的必读之作。

马汉的很多理论大多来源于对英国海洋霸权经验以及欧洲国家海洋争霸教训的总结。而早在美国南北战争之前，原本宁静祥和的中国、日本等亚洲国家，就已经被殖民主义的炮声所惊醒，并被强行纳入由欧洲海洋强国建立的全球殖民经济网络。1840年，已经夺取了亚洲制海权的英国通过卑劣的鸦片战争敲开了中国的大门。这一残酷的事实令日本朝野大为震惊。十几年后，美国的"黑船"将同样的噩运带给了日本。面对外部世界的剧烈变化，这个岛国表现出了超强的适应能力，迅速推翻了固执于"锁国政策"的幕府，建立了天皇亲政的新政府，掀起了轰轰烈烈的明治维新运动。此后，日本人像海绵吸水一样，如饥似渴地学习欧美的一切，包括建立强大的海军，推行海外殖民扩张政策，并在甲午战争中取得了初步成功。因此，当蕴含着海洋称霸秘诀的马汉学说问世后，日本产生像佐藤铁太郎这样的崇拜者可谓顺理成章的事情。

19世纪末，世界资本主义的发展进入垄断阶段，各列强的对外扩张欲望空前强烈。西方国家对远东和太平洋地区的争夺日益白热化。然而，这些惯于用战争加商业手段掠夺世界各地财富的列强，面对战争问题时又经常精打细算。在中国的问题上，"任何强国均不愿意无克制地提出要求，以致使自己陷于与敌手发生战争的地步"，所以他们在美国的"门户开放"政策下达成了妥协。但是，面对中国和日本东南方向西太平洋广大海域中星罗棋布的岛群，列强却没有表现出丝毫的"绅士"风度，如同野兽争抢猎物，分而食之。到1890年，这些地区的大部分岛屿、群岛已被欧美海军强国所掠夺、控制。斐济和新几内亚东南部成为英国的殖民地；以塔希提岛为中心的新喀里多尼亚和一些群岛被法国占有；新几内亚西部变成了荷属东印度群岛的一部分。美国吹起西进的号角，占据了夏威夷、关岛和萨摩亚群岛东部，德国获得了加罗林群岛、马里亚纳群岛（不包括关岛）和萨摩亚群岛西部。到1895年日本打败中国时，西太平洋诸多岛屿、群岛已经被欧美国家瓜分殆尽。面对无情的国际现实，后起之国日本，只好抑制本国海军强烈的海洋扩张冲动，暂时放弃南下夺取海上势力范围的企图，重点走大陆扩张之路。"大陆政策"在日本国策中轴心地位的形成也导致了佐藤铁太郎虽然国内追随者众多，但宏图难展的人生宿命。

19世纪与20世纪之交，世界海军竞争正式进入了马汉时代。德皇威廉二世也提出了著名的"世界政策"，开始走上了海外扩张之路，四处显示德国蒸蒸日上的国力。在看到马汉的著作后，威廉迅即出台了极具德国特色的"冒险理论"和"存在舰队"战略，制订了庞大的海军建设计划，加快帝国海军的扩张步伐，力争赶超大英帝国的海军力量。这与俾斯麦尝试跟英国保持良好关系的政策背道而驰。德国一直都不甘在海军上落后于英国，积极争取海上霸权。进入19世纪90年代之后，德国同样开始信奉马汉学说，大力发展海军，从而引发英德之间的海军竞赛，再加上与英国在殖民地方面的冲突，英德矛盾进一步加剧。德国在短短的十多年中，建成了一支仅次于英国的海军舰队，成为英国在第一次世界大战中的强大对手。面对来自"后起之秀"的挑战，英国的决策者同样依据马汉的思想，出台了"双强标准"——英国海军舰船总吨位不少于两个仅次于它的大国海军的吨位之和这一新的海军建设方针，以确保英国的海上霸主地位。对于德国四处展示肌肉的行为，英国人也不忘还以颜色。1889年，英国海军在举行演习时，专门邀请德皇威廉二世和提尔皮茨到场观摩，以展示其军力。英国首相劳合·乔治公然放话："大不列颠宁愿花尽最后一分钱，也要保持海军对美国或其他任何一个国家的优势。"英国当时有军工企业舰737艘，总吨位为230万吨，居世界第一，这为英国在随后不久的第一次世界大战中战胜德国发挥了关键性作用。在第一次世界大战后，英国为了保持"双强标准"，1921年决定建造4艘4万吨级的巨型战舰，以保持自己的海上力量优势。就在英国学习践行马汉理论，力保海洋霸主地位的时候，马汉学说同样也在俄国政坛和海军界引起了强烈共鸣，并被奉为"海军的圣经"，沙俄海军因此制订了目标宏大的扩军计划。然而，十几年后沙俄的海权扩张计划随着沙俄在日俄海战的战败而化作了泡影。

在海权论的直接影响下，日本举国上下形成了大力发展海军力量的统一意志，并在很短的时间内建成了远东的一流舰队，并相继打赢了中日甲午战争、日俄战争这两场具有历史意义的战争，一举成为西太平洋上令西方列强刮目相看的海洋强国。在战胜俄国之后，日本雄心勃勃，于1917年年底通过了"八四舰队"计划，1920年又扩展为"八八舰队"计划。不过，与同样作为岛国的英国不同的是，日本的海权扩张不单是为了制霸海洋，更多的是被统治者用来襄助陆军实现大陆扩张目标。

第一次世界大战时期，各海军强国均将马汉理论奉为建军经典，按照马汉海权论观点发展本国海上力量与海战思想。海权论产生于美国，受益最大的也是美国。美国政府接受了马汉关于突破传统近岸防御的思想，建立了一支具有强大进攻能力的海军。在控制了加勒比海、波多黎各和关塔那摩等中美洲海域之后，美国于1898年在美西战争中打败西班牙，占领了菲律宾，此后相继吞并了夏威夷、威克岛、关岛等一连串"踏脚石",走上了向亚洲扩张之路。1908年,美国海军实现了从沿岸防御战略向远洋进攻战略的转变,实力从19世纪80年代的世界第十二位跃居世界第二位。在第一次世界大战期间,威尔逊总统也是依据马汉的思想,促使国会通过著名的"海军法案",决心建成世界上第一流海军舰队,从而取代了英国海洋霸主的地位。1916年,美国通过了海军扩张三年计划,打算造军舰137艘。到1919年,美国已拥有军舰595艘,总吨位为146.8万吨,海军军费开支超过英国。

近代日本海军就是在这样的世界海权扩张大潮中迅速泛起的。不过,其发展既受到佐藤版马汉理论的深刻影响,又受到大陆政策的制约,具有很浓厚的日本特色和历史局限性。佐藤铁太郎一生都在呼吁日本学习英国,主要依靠发展海军,走海洋通商国家之路。客观而言,佐藤的观点并非空想,是具有一定合理性的。当时,作为宗主国的殖民国家主要通过不公平的强制贸易与殖民地保持联系,一旦海上交通线被切断,殖民地被敌国海军所封锁,那么殖民地经济很容易就会崩溃。宗主国虽然具备强大的工业生产力,但是海上交通线被切断后,本土工厂就会因为缺乏廉价原料无法开工,生产不出产品,资本家也很难向殖民地倾销以从中攫取巨额利润。所以,对当时的列强来说,发展海军主要有两个目的：一是与其他列强争夺殖民地；二是保护本国与殖民地之间的海上交通线。这种殖民经济模式一直持续到二战后才崩溃。德国在第一次世界大战爆发前之所以发展海军挑战英国海上霸主地位，正是由于德国在蒸汽时代发展过晚，在电气时代迎头赶上后，却发现世界上的殖民地已经被英法列强瓜分殆尽，所以要发动战争夺取殖民地。日本的命运与德国较为相似，尽管从地缘政治角度看，其与英国和美国相仿，同样拥有漫长、曲折的海岸线和众多良港，可以自由进出大洋，四面环海而不易被封锁等，但经济上却与德国一样，缺乏殖民地以及强大的殖民经济体系，而且由于工业相对落后，难以主要依靠通过市场手段夺占国际市场。因此，佐藤铁太郎提出的学习英国的主张也确实存在客观条件不足的问题。

佐藤铁太郎也是马汉的忠实信徒、日本版"舰队决战"理论的倡议者。然而，日本海军在接受马汉与佐藤理论时，却忽视了二者均强调的海军保护通商这一核心要素，而把关注目光集中在了战役层面，一味强调坚持舰队决战。客观而言，在第一次世界大战之前，火炮是海战的主要作战武器，舰船动力逐渐摆脱了风帆，转变为蒸汽机推进，机动能力和打击能力都大幅度增强。与舰队相比，岸防兵力则较为被动，不仅机动能力弱，火炮射程也很有限，只能用于守卫港口。这样的装备水平，加上殖民经济分布广泛、缺乏纵深、高度依赖海运的特殊性，面对敌人来自海上的攻击，殖民地岸基防御的作用是很有限的，大舰队甚至不用登陆夺取港口、要塞，仅靠封锁就可迫使对手投降。因此，对拥有殖民地的列强来说，发展岸基防御体系不如发展主力舰，作战时将舰队集中起来，以数量优势压倒对手。这些也是马汉海权论关于海上作战的一些观点。1916年5月31日至6月1日，英德双方在丹麦日德兰半岛附近北海海域爆发的日德兰海战是第一次世界大战中最大规模的海战，也是这场战争中交战双方唯一一次全面出动的舰队主力决战。海战双方都按照马汉海权论观点实施战斗，结果海战胜负对战争结局产生了重大影响，这并不是巧合。但是，到了二战时期，战争的整体战特征更加突出了，飞机、潜艇、航空母舰等新式远程攻击兵器的出现使海战形态发生了重大变化，如此一来马汉论著里的一些战役战术观点逐渐开始落伍了。对于这种变化，对海权论食髓知味的美国人没有拘泥于马汉的战术观点，在蒙受珍珠港之辱后，从实际出发创新了战役战术，而日本人却对海权论"食而不化"，固执于舰队决战，其在太平洋战争中的失败，一定程度上也可归因于此。

日本海军的兴起

明治时期的日本通过政治维新树立了天皇的最高权威，军、政最高决策层是以曾参与倒幕运动的下级氏族阶层为核心，涌现了一批像木户孝允、西乡隆盛、大久保利通、伊藤博文那样能洞察世界大势、锐意推行富国强兵国策的骨干群体。由于这些人中很多出身于武士，再加上他们在幕末时期亲身经历了与英法等国的几次冲突，因此对西方列强军事威胁的认识非常深刻，对加强海防军备建设的紧迫感也极为强烈。明治天皇明确宣布要"开拓万里波涛，布皇威于海外"，日本开始沿着欧洲殖民主义的"强弱相凌，大小相欺"的战略逻辑制定自己的对外政策。日本以牺牲邻国为自身发展代价的"宇内经营"策略，以及实现这一策略的工具——海军的大力兴办，也可以说是从这一时期开始的。

明治政府继承了幕府的全套海军人马，因此幕府时期以佐久间象山提出的"海防八策"思想为中心的海防观点也被继承下来，海军建设被视为国防要务。但是，像炼铁、造舰那样的大事业，远远超过了当时明治政府的技术水平，难以一蹴而就，需要大量学习欧美海军军事科学和引进欧美先进的军事装备。1870 年 8 月，游历欧洲考察各国兵备制度的山县有朋回国，继任兵部大辅之职。他继承了大村益次郎的方针，确立了"海军英吉利式，陆军法兰西式"的军队改革方针。1872年1月13日，兵部省向太政官提出："海军和陆军的情况迥然不同，其官员不可兼任，须将两种军职分开。故奏请批准废除兵部省，分别设置海军省和陆军省。"这种从改革官制的角度明确提出的海陆军分别建设的思想，是符合当时欧洲国家军制发展潮流的。对这一建议，太政官（左院）仅十天就作出了如下答复："诸君提议分别设置陆、海军两省，以简化军务，节省费用，谋求两军之强大，实为护国之道，这也是各国共同之建军规律，故须按兵部省奏折从速改革。"这表明，政府之所以赞同这一建议，是因为当时决策层已经意识到陆、海两个军种独立发展，已经是"各国共同建军之规律"。1872年2月28日，明治天皇颁布诏书，并仿照欧洲国家建制，废除兵部省，分别设立陆军省和海军省。1872年2月28日，海军省在东京成立，日本即以此日作为海军诞生的日期。1894年，海军省迁到政府官厅集中的霞关。日本明治初期确定的海军学习英国、独立建军的导向可以说是佐藤海军战略思想产生的体制基础。

为了奠定海军的基础，明治政府首先把重点放在培养人才尤其是军官上，措施便是开办学校。1868年7月14日军务官的奏折集中反映了这一思想："耀皇威于海外非海军莫属，当今应大兴海军。然而草创之今日，国内叛乱尚未平定，军事费用巨大，故造船冶铁等大工程应逐次进行，否则，非国力所能承担。况且，首先应网罗技艺之士，以从事海军训练、编制和造船冶铁等方面的工作。有鉴于皇国精通上述技艺之士甚少，故兴办学校为建设海军之根本。拟在兵库创办学校，以建立海军之基础……"1869 年 11 月 24 日，兵部省向太政官呈送《兵部省前途之大纲》报告，提出"欲使皇国军队迅速统一起来，首先要有可以充当教官的人才，否则就难以领导和指挥数千人。有了人才，就可以开办学校，进行战术教育，建立海军之基础"。可见，明治政府大力培养人才的另一个目的是达到使"皇国军队迅速统一"的目的，即通过培养海军专业人才来实现海军军备的统一。1870 年 5 月 4 日，兵部省在"大办海军"的建议中，又将有关"海军军官教育"专列一项，指出："军舰的灵魂是军官，无军官，水手则无以发挥其所长；水手不能发挥其所长，舰船将成为一堆废铁。况且海军军官应掌握的知识深奥，达到精通熟练程度并非易事，故应尽快创办学校，广选良师，教育海军军官是建设海军之头等大事。"在此思想的指导下，日本兴办了大量的海军学校，主要有海军兵学校、海军轮机学校、海军军医学校、海军经理学校、水雷学校、航海学校、海军大学等，形成了一个完整的近代海军军官教育体系，既培养初级人才，又培养中高级战略人才，可以满足不同层次的需要。

明治维新一开始，日本便十分重视对西方军事科学的引进，将它看作是"文明开化"的一个重要组成部分。明治时代的军事改革家认为，更新官兵头脑中的指示，与更新他们手中的武器同样重要。日本的军事教育不仅以其严格而闻名，更体现出求新的特点。日本人认识到，近代军事科学技术日新月异，军官任职数年，其头脑中的知识便会落伍，因此不断更新军事院校中的教学内容，并建立了军官轮流进修制度，以不致落后于时代。在短短的十多年间，日本陆海军便建立起系统的近现代军事教育体制，使将、佐、尉三级军官普遍受到军校的正规教育。日军大规模推广兵棋推演、实战演习等训练手段，其对抗性实战演习规模之大、组织之完善，曾使参观演习的外国武官叹为观止。日本海军为了培养海军人才投入大量资源，在19世纪70年代派员赴欧洲考察军事，重点研究军事学校教育体系。其学习欧美军事科学时如饥似渴，全面系统地吸收引进。对此，德国首相俾斯麦曾深有感慨地预言："日本其兴乎！"

在设立海军学校、聘请外国教官的同时，日本海军还花费巨额经费，为海军学员提供留学和远航的机会。日本海军留学制度始于1870年，在确立"海军英吉利式"的建军方针后，便以英国为培训海军人才的主要基地，美国、德国和法国也为日本海军代培了一些高级官员。这些留学生在国外学习西洋海军造船、航海技术、海战技法、外交和国际法知识，回国后大部分成为日本海军的高级将领和骨干。明治时代的日本海军元帅及少将以上将领中，除旧幕府和各藩培养的军事人才以外，其骨干人物如东乡平八郎、山本权兵卫、坪井航三、井上良智等人都曾留学英、法、德等国。甲午战争后，日本海军留学生的派遣力度进一步加大，培养出一批有世界眼光和近代海军战术的高级将领。如近代日本海军战术家秋山真之1897年被派往美国留学，就读于美国安纳波利斯海军学院，以著名的海权论创设者马汉为导师，回国后成为海军大学的教官，教授海军战略、战术、战务等，奠定了日本海军战术理论的基础。1904年秋山真之出任海军军务局长，1917年授中将军衔。同时代的佐藤铁太郎也受惠于日本海军的留学制度，被派往英国留学两年，后又到美国考察。他把英国的海军首相、马汉的理论与日本的国情相结合，创立了日本特色的岛屿帝国国防理论。1907年，佐藤始任海军大学校教官，讲授"海防史论"。他的讲义经进一步充实史料而成《帝国国防史论》（1908）一书，后成为指导日本海军发展的经典著作。佐藤与秋山，一个精研战略，一个精通战术，两人的才华、观点对日本海军的发展可谓影响至深。

日本海军自 1874 年起还创立了远航制度，海军兵学校学生在毕业前后搭乘训练舰远航亚洲、欧洲、美洲和澳大利亚，为时数月乃至半年。最初的远航舰为"筑波""龙骧""清辉"三舰，后多用海军的二线旧舰充当练习舰。在日本海军教育体制中，远航训练制度是坚持得最好的一项制度，除了甲午、日俄、一战、二战期间，以及二战后的一段时期以外，都基本保持了延续，并在战后为日本海上自卫队所继承，成为传统。远航制度所费不赀，但却为军校毕业生提供了航海经验，并且丰富了他们的见闻，开阔了其胸襟和视野。日本海军将领也因此比短视、急躁、冒进的陆军将领稳重干练、目光开阔。这种纸面知识与训练实践相结合的做法，使日本很多海军将才既具有较高的理论素养，又少了许多纸上谈兵的臭味。佐藤铁太郎的一系列海军战略著作，务虚的内容不多，务实的主张不少，散发着浓厚的实用主义味道。

在佐藤的著作中很大一部分是论述国家及海军军备建设的。而佐藤之所以在著述中洋洋洒洒地大谈"海主陆从"，建立"岛屿帝国"，关键还是日本大力发展海军军备所提供的底气。在近代日本海军建立之初，除了 2530 吨的"龙骧"号和 1500 吨的"日进"号，大多是两三百吨的炮舰和护卫舰，整个日本海军共有军舰、运输舰、通报舰、练习舰等杂牌舰船 17 艘，总排水量仅 11432 吨，而此时英国已经出现了单舰排水量达 17000 吨的"米诺陶"级铁甲战列舰。两相比较，日本痛感国力穷困、民生凋敝，海军振兴困难，但同时又把发展海上军事强权视为实现富国的主要手段，不惜倾囊购舰。正如山县有朋所言，"强兵为富国之本，而不是富国为强兵之本"，所以，陆海军的扩充也被提到议事日程上来。兵部大辅前原一诚于 1875 年提出了最初的海军军备计划。他设想在二十年中建造 200 艘军舰，其中"蒸汽厚甲舰"（铁甲舰）50 艘，"木质两制舰"（外包铁皮的木质巡洋舰和快速护卫舰）70 艘，"大炮船"（炮舰）60 艘，此外还要建造运输舰 20 艘。海军兵员扩充为 25000 人，完成整个军备计划的预算为 4500 万日元以上，远远超过了当时日本的财力。不过，山县"强兵为富国之本"的主张虽然使佐藤理论得以"言之有物"，却与佐藤把富国作为根本的观点完全相反。事实上，从近代以来大多数欧美国家的发展历史看，以富国为本、求强兵才是正途，佐藤也看到了并在理论中坚持这一点，而"强兵为富国之本"主张依据的是典型的军国主义哲学，也是把军国日本最终推向败亡的根本原因。

前原一诚的军备计划不仅超出了日本当时的财力，也受到了一心多占资源的陆军的阻挠。海军省成立之后，不得不对此计划进行调整，削减为大舰 14 艘、中舰 32 艘、小舰 16 艘、运输舰 8 艘。即便如此，由于在新政府中飞扬跋扈的山县有朋从中作梗，海军每年得到的预算不过 50 万日元，不到陆军预算的十分之一。海军自嘲已经成了陆军的附属机关，真的变成了"陆海军"。1876 年，日本自造的第一艘装甲快速炮舰"清辉"号在官立东京石川岛船厂下水。"清辉"号不过是一艘排水量 900 吨的三桅蒸汽炮舰，但是它的下水却被看作是日本海军历史上"里程碑式的事件之一"。日本自此开始具备为海军自造军舰的能力。"清辉"号建成之后，日本又在石川岛和横须贺等船厂自建了"天城""磐城""天龙""海门""葛城""武藏""大和"等军舰。虽然这些船多为千吨上下的炮舰，但是日本由此掌握了从设计、制图到锅炉、动力、船身、炮具的一系列造船技术。与日本相比，同时期的中国江南织造总局可建造 1800 马力、搭载 26 门炮、排水量 2800 多吨的"海安"号兵轮，中国的造船技术并不比当时的日本落后，但是因为"名为自建，一铁一木皆取材于外洋"，造舰成本过高，所以后来清朝慢慢停止了自造舰船，而转为从英、德等国购买现成军舰。

1883 年，日本海军的假想敌正式确定为中国，开始实行第一期"对清军备扩张计划"。该案以两艘 7000 吨级铁甲舰为舰队核心，计划将海军舰队扩充到 42 艘，其中 32 艘需要购买或自建。首期扩充计划为期三年，也称第五次海军扩张案，购买巡洋舰以下军舰 13 艘。此案通过后，日本便开始通过国际军火市场四处寻购新式军舰，不久即得到日本第一艘取消风帆的全蒸汽动力钢质军舰"筑紫"号，该舰采用了全舰电灯照明、水压装弹装置等当时最先进的设备，但航速较慢。为与中国海军抗衡，日本又于 1884 年从阿姆斯特朗公司订购了两艘 3700 吨级的防护巡洋舰，命名为"浪速""高千穗"。这两艘巡洋舰的设计者为英国造舰专家威廉·怀特爵士（Sir William White），被公认为巡洋舰设计的杰作。日本发展海军的决心和气度由此可见一斑。

1893 年 2 月 10 日，明治天皇下达了名为《和衷共同》的诏敕，内中声称"兼六合而掩八荒"为"皇祖遗训"，又说"国家军防者事关重大，苟缓一日，或遗百年之悔"，提出国会无权削减政府的预定经费，命令今后六年中，每年由内廷费用支出 30 万日元，并要求国会与政府"和衷共同"，文武官员同心协力，除特殊情况者外，这六年间均要献出自己工资的十分之一充当部分造舰费用。此诏一发，民间纷纷响应天皇号召，捐资造舰，短短一月即达 103 万日元。该年 3 月，国会通过了"七年造舰预算"，宣布每年再为海军增加投资 300 万日元，政府方宣布不再接受民间捐款。在经费有限的情况下，日本海军不去与清朝海军比拼铁甲舰和大口径火炮，而是发挥自己的快速舰和速射炮优势，套用现在的话说，就是"摸索出了符合日本国情的建军道路"。到甲午战争开战前夕，日清两国主力舰速射炮比率已达 192：27。

海军军种意识的觉醒与日本扩张野心的膨胀是同步的，在对外扩张欲望的催生下，海军独立的战略军种意识得到强化，从而确立了建立一支战略进攻型海军的指导思想和目标。1870 年 4 月，日本兵部省在分析、研究英、法、德、俄、美、荷等国的情况后，认为"俄国的夙愿是将欧亚大陆连成一片，自己独霸，其手法是先近后远，先易后难，逐步扩张领土。……若俄国势力进入东海，夺取了良港，驻扎了海军，就难以制止其扩张野心，将成为两大洲之害。故日本须首先提高警惕，制定对付侵略的作战方针"，"要建立一支装备精良的海军，且要超过英国"。可见，日本海军近代化建设之初，就以世界海军强国俄国为假想敌，提出这种目标设计是海军独立军种意识觉醒、强化的必然结果，这也反映了日本海防思想对海军建设特点和规律的理解有了进一步的把握。

1890 年，美国的马汉出版《海权对历史的影响（1660—1783）》，提出了具有划时代意义的"制海权"理论。这一理论很快被介绍到日本，夺取和掌握制海权由此成为日本海战理论的核心内容，并在甲午战争筹划和实施过程中得到了生动体现。日本的作战计划和实施，始终围绕着夺取黄海、渤海和东海等广大海域的制海权展开，也正是由于日本有效地控制了黄海制海权，才赢得了战争的胜利。甲午战争后，日本进一步总结战争经验，加深了对掌握制海权意义的认识。鉴于战争中海军因未能获得早期制海权而产生的一系列问题，日方认识到通过"先发制人"和"奇袭"获得早期制海权的重要性，这成为日本海军战略的重要原则。后来，这一原则被运用到日俄战争和太平洋战争中。日本海军还引进了英国的近代海战理论，丰富了战斗队形知识，明确了舰船、火炮的发展目标。《海军兵法要略》《舰队运动指南》《海军战术讲义录》等著作成为日本海军的基本教科书。其中《海军战术讲义录》是英国海军军官英格卢斯在日本海军大学的讲稿。这部讲稿反复强调了"蒸汽时代的舰队运动以单纵队最为有利"的基本原则，并且强调了增加舰速和使用速射炮的重要性。这一思想深刻地影响了日本海军的舰船发展战略。从理论源头看，佐藤铁太郎的海军战略论和秋山真之的海军战术正是马汉海权论、英国海战理论与日本海军侵略作战实践相结合的产物。

明治新政府建立后，随着大规模内战结束，对外侵略暂时又实力不足，所以军队最主要的任务是防范西方国家从海上的攻击，海军和海防为军事建设的重点，陆军的作用只是镇压国内有可能发生的地方骚乱和武士叛乱。因此，明治初期的日本国防建设采取"海主陆从"的方针，对武装力量的称谓为"海陆军"。但是，明治维新时期的战争主力是以长州藩兵为主力的陆军，兵部大辅山县有朋是长州藩出身，对此不满，于是在陆海军分别设省的同时，宣布武装力量的统称为"陆海军"，实行"陆主海从"的国防方针。由于陆军高级将领在倒幕战争中普遍立有战功，而海军的人马却主要是从幕府海军中接收过来的，所以日本陆军、海军在建军之初政治地位就是不平等的。这种不平等曾延续数十年，也是后来制约佐藤铁太郎军事思想影响的重要体制因素。

从当时日本的国策来说，无论"陆海军"还是"海陆军"，将来的发展目标都是征服海外，但是"陆""海"二字的顺序却牵涉日本军队内部狭隘的门户之见和部门利益。"海陆军"与"陆海军"之争，实际上是长州、萨摩两藩势力对今后日本军队建设中陆军与海军孰主孰从，以及争夺对军队的最高控制权的一次较量。此时日本陆军的重要职位已为长州藩出身者把持，山县有朋自然十分认可"陆海军"的说法，但以西乡从道为首的、在海军中势力最大的萨摩藩巨头们却对此极为不满。但是，因为长州藩出身的山县有朋此时正掌握军政大权，炙手可热，萨摩藩势力只能承认败阵。近代日本陆海军抗争的传统，以及所谓"藩阀政治"的时代也由此开始了。因此，可以说日本国防近代化从一开始就充满了陆海军之间的战略纷争和权力角逐。这种矛盾一直延伸到第二次世界大战日本无条件投降。佐藤铁太郎在升任少将后官运开始坎坷的原因，不仅在于海军内部的人事倾轧，陆、海军之间的权力恶斗的影响也不容忽视。

近代日本的海洋扩张

佐藤铁太郎经历的年代是日本帝国主义崛起的年代，从中日甲午战争、日俄战争到"九一八"事变，在亚洲崛起中的日本帝国海军日益沦为日本帝国主义的"战争机器"。佐藤铁太郎的海权思想，自然反映出日本帝国主义的扩张需要，其战略思想和理论的形成与日本近代海洋扩张实践存在密切关系。

1853年7月8日，美国东印度舰队司令官、海军准将马修·佩里率领的"黑船"喷着漆黑的浓烟闯入日本海域。面对妖怪一样的舰队，日本幕府惊慌失措，不得不同意考虑开国问题。六个月后，马修·佩里率领7艘军舰、200门大炮和1000多人再次来到江户湾，强迫日本签订《神奈川条约》，日本的大门终于被美国打开。此后，列强纷纷乘舰而来，短短几个月的时间里，日本又先后同俄、英、荷等国签订了类似的"和亲条约"。面对欧美列强来自海上的入侵，日本国内的"攘夷"势力也一度想拒敌于国门之外，尝试了武力抵抗、暗杀等各种措施，但结果都像鸡蛋撞墙一样以惨败告终。

列强入侵引发的民族危机促使日本寻找新的救国之策，由此产生了仿效欧美，以海外侵略求强的思想理念。作为四面环海的岛国，近代日本的对外扩张理论从产生起，就含有大陆扩张和海洋扩张两大目标。在幕府末年，"海外雄飞论"已流行于日本。在该论中，日本儒学家、国学家和洋学家从不同角度集中论述了对外扩张主义思想，矛头都指向朝鲜和中国。其代表人物佐藤信渊提出的以征服中国为核心的扩张主义思想体系，不仅确定了侵略目标，而且规定了侵略步骤和完成步骤的方法。佐藤信渊提出了日本的北侵、南进两大扩张方向。他一方面认为"朝鲜、中国次第可图也"；另一方面，又鼓吹"攻取吕宋、巴刺卧亚"，"以此二地为图南之基，进而出舶，经营爪哇、渤泥以南诸岛，或结和亲以收互市之利，或遣舟师以兼其弱，于其要害之地置兵卒，更张国威"。其后，曾被很多明治政治家奉为师表的吉田松阴，在1855年提出"得失互偿"理论，主张日本"北则割据满洲（中国东北地区）之地，南则占领台湾、吕宋诸岛……"
吉田松阴的上述陆海双向扩张的思想直接影响了其得意门生
木户孝允、伊藤博文、山县有朋等明治维新重臣。木户孝允
的"征韩论"、山县有朋的"利益线论"，无不直接师承于
吉田。因此，可以说明治维新前海洋扩张就已是日本殖民扩
张思想的重要组成部分，其诸多理念后被执政者所采纳，逐
步变为现实的侵略政策和行动。不过，也正是这种陆、海双
向"通吃"的扩张理念为日本国防战略埋下了陆、海之争的
种子，成为佐藤思想难以贯彻的主观根源。

向陆还是向海？

从明治维新开始到华盛顿会议召开的五十年间，日本的
海洋扩张以经营东亚大陆为出发点，基本目标是先夺取大陆
周边近海的制海权，确立在远东的海上优势，乘机向大洋
拓展。

1868 年，新登基的日本天皇睦仁将年号定为"明治"，
此年号取自中国《易经》的"圣人南面而听天下，向明而
治"。可惜的是这里的"明"在日本统治者心底已经变成了
侵略的代名词。明治天皇在即位时的《御笔书》中宣称，要
以武力来"拓万里波涛，布国威于四方"。与此相呼应，明
治新政府军务官在 1868 年 7 月 14 日的奏折中，开宗明义

宣称"耀皇威于海外非海军莫属，当今应大兴海军"。同年 10 月，明治天皇在军务官的奏折上批示"海军建设为当今第一急务，应该从速奠定基础"，确立了"海军建设为第一急务"的方针。1870 年，兵部省向天皇提出了一个发展海军的建议书。在建议书中，确定中国为日本的第一假想敌，制订了二十年内拥有大小军舰 200 艘、常备军 25000 人的海军发展计划。建议书提出："皇国是一个被分割成数岛的独立于海中的岛国。如不认真发展海军，将无法巩固国防。当今各国竞相发展海军，我国则十分落后。……若我国拥有数百艘军舰，常备精兵数万，那么他国便会对我敬畏起来……故海陆军装备精良与否，实关皇国安危荣辱。"但是，当时的"南洋"已为欧洲列强所控，明治政府尚无实力，当然不敢开衅英法等海洋强国。于是，以"征韩论"为起点的"大陆政策"逐渐成为日扩张战略的主流。甲午战争前，日本的海洋扩张政策主要是配合"征韩"，为陆军东亚大陆扩张保驾护航。

中国是朝鲜的宗主国，对朝鲜安全有保护义务，且先于日本拥有一定规模的近代海军，遂被视为"征韩"的绊脚石。日本统治者认为，"欧洲各国距我们较远，痛痒之感并不急迫"，而"清帝国"才是必须要解决的"外患"；要抓紧时间消除与中国海军存在的差距，夺取黄海、渤海和东海等广大海域的制海权，然后一战决雌雄，领冠东亚。因此，在甲午战争前，日本海洋扩张战略的定位是"陆主海从"，海军服务于大陆扩张，将其威胁认识锁定于中国，非常注重研究与制定对清朝海军战略，尤其在如何扩军，击败北洋海军上煞费苦心。1882年8月，时任日本参事院长的山县有朋向明治政府提出《关于扩充陆海军的报告》的"意见书"，称："倘若我邦至今仍不恢复尚武之传统，扩大陆海军，以我帝国为一大铁甲舰力展四方，以刚毅勇敢之精神运转之，则曾被我轻侮之近邻外患，必将乘我之弊……"为取得对抗中国北洋海军的实力优势，1887年明治天皇带头从皇室内库中拨款30万日元，整个日本的华族富豪随之大量捐款。在1885年至1894年的十年间，日本向国外订购的军舰达到16艘。

甲午战争前，明治政府以"征韩"为牵引竭力发展军备，在体制、决策上形成了"陆主海从"的格局，海军虽然受重视，但处于从属地位，要服务于"征韩"的需要。但是，甲午战争后，"海主陆从"论在日本的影响力显著上升，并对既有的"大陆政策"产生了强烈的冲击。其背景是：当时在欧美列强中，"大海军主义"兴起，掀起了新一轮海军军备竞赛和海洋扩张浪潮。美国以马汉的海权论为导引，通过美西战争拉开了大举向西太平洋扩张的帷幕。在东亚，北洋海军虽然不复存在，但沙俄通过修建西伯利亚铁路、增派海军舰艇加速向远东扩张，"三国干涉还辽"已使日本感受到强邻气焰的炙热，并把沙俄陆、海军视为国防的"主敌"。从日本国内看，甲午战争中，与陆军相比，海军取得的战功最为显著，不仅消灭了北洋海军，而且在输送陆军跨海登陆方面发挥了关键性作用，因此在国内政界、军界的地位大幅度蹿升，国防、政治发言权扩大，也急于摆脱对陆军的从属地位。

"海主陆从"论深受马汉海权论的影响。在 19 世纪 90 年代，马汉海权论之风开始风靡世界。受马汉影响，佐藤铁太郎先后于 1902 年、1907 年相继出版了《帝国国防论》《帝国国防史论》，试图构建日本版的海权论。在著作中，佐藤强调日本同英国一样是岛国，"海岛帝国的国防应以海军为主力"；"当今帝国面临世界性发展机遇，而要实现世界性发展必有赖于向海洋发展"。佐藤还反对日本陆军向大陆扩张的战略，认为那样势必与俄罗斯发生对峙局面，并引发中国、朝鲜的民族主义情绪，最终将因争夺市场招致与英美的冲突。佐藤之说一度在日本影响很大，以至于有日本人认为："我国国防自中世纪以后长期流行陆主海从之风，世人已习以为常，此《帝国国防论》的发表使海主陆从论得以勃兴。"

从中国近海到"内南洋"

自甲午战争后到日俄战争结束十年间，日本海军强烈要求把海洋扩张置于国防的中心地位，对"大陆政策"态度消极，其军事战略也以夺取制海权，控制远东海洋为首要。长期掌控日本海军大权的山本权兵卫公开声称："不管政局发生何种变化，将来的国防方针须以海军为首要。"1898年，山本权兵卫担任海军大臣，上任伊始即向议会提交了"海军法案"。该法案第二条明确规定"海军为帝国国防的最重要工具"。山本还试图谋求海洋扩张政策的独立性，主张"海军统帅部战时独立"，不受陆军主导的大本营节制，甚至声称"（陆军）防卫帝国固有领土就行了"，"未尝不可放弃朝鲜"。山本的思想还在日俄战争中得到体现。日俄战争中，日本海军全力寻歼俄远东舰队，对陆军提出的帮助运兵、抢占滩头等要求态度消极。乃至战后陆海军的配合问题成为日本政界、陆海军相互攻讦的焦点。

在日俄战争后，"海主陆从"论同"大陆政策"的矛盾凸显，突出体现在假想敌认定上。"大陆政策"的主要制定者山县有朋主张以沙俄为第一假想敌、中国为第二假想敌。陆军参谋长田中义一称"我们必须摆脱岛国的局限性，成为一个拥有大陆的国家"，并提出"政战略一致、陆海军作战一致论"，主张防范俄法德联盟，企图把海军纳入大陆扩张轨道。对此，以山本为代表的海军则认为不能以眼前利益选定假想敌国，应从整个利害关系加以考虑，并从历史、地理以及其他关系全面衡量，择其最大者为敌国，以全力对付。一旦战胜，则可称雄四方。山本还主张日本应仿效英国，以海上力量为发展国家之本，而在发展道路上最大的障碍应属美国。因此，假想敌国应是美国。在此背景下，日本于1907年制定了《帝国国防方针》，一改往日的"守势国防"为"政略与战略统一"的"攻势国防"，提出以俄国为主要假想敌国，美、德、法次之。

《帝国国防方针》的出台表明，山本的主张并未完全得到实现。该方针第一条规定："尤其要维护在1904年、1905年战争中以抛数万生灵和巨万财物而在满洲和朝鲜获得的权益，以及支持正大力向亚细亚南方和太平洋彼岸扩展的民力发展，并应以日益扩大的这种权益作为帝国施政的大方针。"第二条又称："我帝国虽四面环海，但从国是和政策来说，国防绝不可偏重于海陆中之一方，何况在隔海相望的满洲和朝鲜已经获得利权的今天！"——实际上这间接否定了"海主陆从"论。《帝国国防方针》对海洋扩张战略的抑制引发了日本海军将领的不满，他们迫切需要一种强调海洋立国的理论与陆军的大陆政策对抗。佐藤的著作《帝国国防论》和《帝国国防史论》的问世恰好顺应了这一需求，因此得到山本权兵卫的推荐，而获得了上呈天皇御览的殊荣。

此后，日本海军并未完全放弃己见。1923 年 3 月，日本海军省在山本权兵卫内阁建立后发表《国防问题研究》一书，称"帝国发展应以海洋主义为国是，以海上武力为主，陆上兵力应作为海上武力的后援发挥辅助作用"。该书还明确提出"南进"扩张目标，称"帝国应留意南洋方向的政治、经济及殖民地，帝国最应重视在荷属东印度的发展"。在威胁评估方面，该书认为"在不久的将来，很难说俄国会对我国独自采取进攻政策……帝国对俄政策应以怀柔为重"；日本的"对华问题毋宁说是对列强的问题"，"帝国最需注意美国对东洋问题的意向"，"由于美国的对华主要出口产品与我国相同，若其今后继续积极开拓中国市场，日积月累势必会与我国发生利害冲突"；"在对华通商关系上，最有可能阻断我国进路的首先是美国，其次是德国"，"从经济利益冲突角度看，美国或德国将来必然会与我国发生冲突，因此必须发展针对两国的外交威慑力"。在军备发展方面，该书强调："我海军应拥有对美七成的实力。"山本权兵卫上述论断在很大程度上采纳了佐藤铁太郎的观点，其"对美七成"之说，其实是照搬了佐藤铁太郎等人的主张。

事实表明，"海主陆从"最终未能在日本扩张政策中占据主流。其主要原因是：日本大陆扩张思想较海洋扩张思想有着更深厚的历史渊源，并且展开后已对日本的扩张走向产生磁吸、滚动效应，甲午战争和日俄战争中两次得手已使"陆主海从"的战略定式固化。日本决策层陆军主导的格局难以根本改变。日本作为近代化后起之国，商业上"难以用'体面的'方式和'公平的'原则与美国竞争"，只能更多地依赖陆军的占领、掠夺，以确保和扩大资源、市场——"大陆政策"正是基于这一"国情"的产物。对此，日本有学者评论道："在日俄战争前，海岛帝国的国防观或许还有点说服力，而当在大陆获得重大权益的战后，它就失去了说服力。"但对"大陆政策"的支持者来说，由于海军的坚持以及其在与列强的角逐中发挥着难以替代的作用，也难以把海洋扩张完全纳入"大陆政策"轨道。由此，日本的海洋扩张既存在配合"大陆政策"的一面，又具有相对独立性，一直存在大洋扩张的冲动。这种冲动在日本突出表现在"南进"问题上。

所谓"南进"就是控制西南太平洋，占领日本以南海域诸岛及东南亚地区。"南进论"的思想内核早在幕末时期就已存在。到19世纪80年代，日本向东南亚扩张的舆论兴起。1887年，学者志贺重昂考察南洋诸岛、澳大利亚，并出版《南洋时事》一书，首次专门明确提出向南洋扩张问题，主张振兴在南洋的商业活动，实现海外雄飞。此后日本国内"南进"的呼声渐涨，《新日本图南之梦》（菅沼贞风）、《南洋经略论》（田口卯吉）等鼓吹南进的著作纷纷问世。1910年，"南进论"著名人士竹越与三郎出版《南国记》，声言日本"作为岛国而向大陆用力发展是不利的"，"我之未来不在北而在南，不在大陆而在海洋。日本人民应加以注意的，是将太平洋变成自家湖沼之大业"。该书出版后甚为畅销，使"南进论"广泛传播于世。到大正时期，日本民间已"南方热高涨"，直接影响到国家决策。大正四年（1914），日本政、官、财实力人物创建了"南洋协会"，提出要积极"开拓南洋"。

然而，直到20世纪30年代中期，"南进论"并未从根本上动摇"大陆政策"的主导地位。此间，日本一方面要致力于大陆扩张，另一方面也"担心会同与该地区有重大利害关系的英、美、法、荷发生冲突"，故在行动上对南进，特别是军事南进仍不得不有所克制。但自明治时期开始，日本通过吞琉球、夺台湾已经为南进做好了地缘战略铺垫。在第一次世界大战期间，日本借对德宣战，海军兵分两路，一路入侵中国山东，从而就把它所占据的库页岛南部、朝鲜以及中国的辽东、山东、台湾等地连接起来，控制了远东沿海地区；另一路进占德国在太平洋上的属地马绍尔、马里亚纳和加罗林三个群岛（日本人称之为"内南洋"），将其势力范围向西太平洋扩展约3000海里。进占太平洋诸岛标志着日本的海洋扩张从近海迈向大洋，也"为日本向赤道以南的'外南洋'肆无忌惮的扩张提供了巨大的支撑点"。但此举也意味着日本已站到与美英海权冲突的前沿，美日海洋争霸已呈胶着状态。

从"内南洋"到两大洋

第一次世界大战使远东国际形势及列强海军势力消长发生了重大变化。战后，美国总统威尔逊提出了"十四点计划"，以对抗俄国十月革命和苏维埃政权的影响，为美国战后称霸创造条件。美海军实力从世界第四跃至第二，成为继英国之后又一个拥有两洋舰队的海上军事强国。1914年，巴拿马运河的开通又使美海军获得可迅速向太平洋集中兵力的地理优势。英法虽然也是第一次世界大战的胜利者，但国力消耗巨大。英国海军的世界第一宝座岌岌可危。法国海军战时遭受重创，需要恢复。战后英、法两国海军在远东海域的实力仅限于守成，无力采取攻势。因此，远东殖民竞争的主要棋手已变为美日两家，而美日之争又突出体现在对华政策和海洋扩张上。

在美国看来，日本独占中国的政策不仅直接威胁到美国的在华利益，而且最终会把美国人赶出亚洲大陆和西太平洋。日本占领德属岛屿等于割断了美国自太平洋中部连接菲律宾的地缘连线，这引起了美国的焦虑。虽然两国通过华盛顿会议就远东势力范围和限制海军军备达成了协议，但在西太平洋相互视为威胁已成事实。在日本被迫接受美国提出的海军军备限制比例的当晚，时任海军军令部长的加藤宽治就挥泪狂喊："同美国的战争现在就开始了！我们一定要报仇！"1923年，日本第二次修改《国防方针》，把美国作为主要假想敌，俄、中次之。

第一次世界大战后，日本的海外殖民扩张从库页岛南部到西太平洋的辽阔地区，日本企业加深了对南洋的经济渗透。殖民利益的拓展使日本决策者在"关注"大陆的同时，也更重视西南太平洋。而此时，日本海军在关注南洋的同时，也摆脱了山本权兵卫时期对"大陆政策"的消极，把海洋扩张与大陆扩张特别是侵华紧密联系起来。日军海军军令部长加藤宽治就声称"海权的消长决定国家的兴衰"，"日美海军为夺取太平洋的支配权必将发生冲突"，而"日美海军争霸战"的真正原因是围绕中国的"经济战"。加藤认为美国"为开拓中国市场不择手段"，正建立"攻势海军"，对日"大陆政策"构成重大威胁；"目前屡屡刺痛我们的日美海军军控问题、新加坡问题、布哇的筑城问题"，"都事关日本生死的整个远东的支配权，事关能否在对华资本竞争中掌握先机"；"不懂太平洋就难以谈中国，而不懂中国，就不能理解日美海军在太平洋的竞争"。

同一时期，被称为"东亚战争之父"的石原莞尔，也提出了"日美战争是日本必然之宿命"，是日本要建立以太平洋为中心的霸权所必须进行的战争。1931年4月，他在《欧洲战争史讲话》一书中，主张兵分两路，陆军进攻"满洲"占领中国，海军则攻占菲律宾、关岛、夏威夷、中国香港以及新加坡等美英军事基地，以获取西太平洋的制海权。到20世纪30年代中期，"南进论"在日本统治集团内部已有很多支持者。他们叫嚣：帝国有三条生命线，第一条是中国东北，第二条是内南洋，第三条是外南洋（太平洋的西部和南部除"内南洋"以外的地区）。中国东北和内南洋已经在握，下一步该是夺占外南洋了。至此，日本以美为敌，"南下"扩大海洋侵略的战略勾画已基本成型。

20世纪20年代的华盛顿体系曾暂时缓和了日美之间的海洋霸权争夺。但是，该体系由于轻视中国民族解放运动的存在和影响，把欧亚大国苏联长期排斥在外，其平衡和制约日本军备膨胀、军事扩张的能力很有限。1935年12月和1936年1月，日本相继撕毁《五国海军协定》《伦敦海军协定》，给华盛顿体系最后一击，摆脱了一战后所有国际条约的约束，进入"无条约时期"——这意味着日本要彻底颠覆该体系确立的西太平洋海洋秩序，建立自己的霸权。1936年，日本于"二二六"事件后建立了天皇制法西斯专政，军部乘机掌管了国防、外交及其他大权，得以直接实施酝酿已久的扩大侵略计划。当年4月，海军向"五相会议"呈报国策大纲，指出了西南太平洋是帝国的国防和经济的关键地区，因此提出了所谓两线作战的总体战。8月，广田内阁制定了《国策基准》，规定"在确保帝国在东亚大陆地位的同时，向南方海洋方向发展"，并要求海军"能足以对抗美国海军，确保西太平洋的制海权"。由此确立了陆海双向全面扩张的政策。

日本的"南下"直接侵犯了英美传统的海洋势力范围，意味着要和老牌、新兴的海权大国迎头相撞。而对于英美特别是美国的实力，日本统治者中仍不乏头脑清醒者。可以说，日本西太平洋扩张的谋划历史虽同"大陆政策"一样长久，但却长期未如"大陆政策"那样全面展开，对美英实力的恐惧是重要原因。日本海军的一些高级将领如山本五十六、米内光政都对与美国开战缺乏信心。山本五十六曾表示："看看底特律的汽车工业，得克萨斯的油田和遍布美国全国各地的兵工厂，便不难得出应得的结论。""如果一定要同美国交战，我只能坚持一年到一年半，再长，就很难说了。"

到 20 世纪 30 年代末，两大因素促使了日本加紧实施"南进"计划。其一是美国对中国抗战的援助力度和对日本经济制裁的力度同时加大。1939 年，日本试探"南进"，3 月宣布对南太平洋诸岛的领土要求，4 月宣布占领海南诸岛。对此，美国的反应是于 7 月宣布废除《美日商约》，翌年又开始实施对日禁运。本来，日本的军需物资"只靠来自日本以及中国被占领区的'日元集团'是不够的，还必须从欧美国家及其势力范围进口"。由于制裁趋于严厉，日本已难以靠贸易手段从上述国家和地区获取军需物资，急于下"外南洋"夺取英、美、荷殖民地以缓解战时经济危机。此时，一直把未能使中国屈服归咎于美英支持的陆军寄希望从海上隔绝中国的外援通道，而原本对与美开战尚存怯意的海军因担心石油问题也决定冒险一搏——长期因战略方向争执不下的陆海军终于在扩大海洋侵略上达成"一致"。其二，欧战自爆发到 1940 年下半年，德国法西斯在欧洲一度高歌猛进，在远东拥有殖民地的欧洲各国均自顾不暇，美国也把关注焦点置于欧洲。深陷"中国事变"的日本统治者大受鼓舞，企图重玩一战故技，趁火打劫。

1940 年 6 月 28 日，日本外相有田八郎发表《国际形势与帝国立场》，公然把东亚新秩序范围扩展到"南洋"；8

月，日本政府提出"大东亚共荣圈"计划。这个"共荣圈"不仅包括其长期经营的东亚大陆以及今天的东南亚地区，还要控制东经90度到东经180度之间、南纬10度以北，从印度洋西部到太平洋中部的辽阔海域。此时，整个日本的海洋扩张意识同大陆扩张一样进入癫狂状态。1941年6月，日本内阁次官会议决定将每年7月20日定为"海之纪念日"，"以向国民普及宣传海洋思想，推动皇国发展"。"为从海洋方向打开时局"，动员国民和船舶奔赴太平洋战场，1942年12月，日本大政翼赞会将《奔赴大海》指定为地位仅次于国歌的"国民歌曲"，在学生兵出征时齐唱。而日本海军在袭击珍珠港得手后，"南进"一度势如破竹，几乎使佐藤信渊当年的海洋扩张之梦变为现实。

日本近代海洋扩张战略的上述演变，既在一定程度上刻印着佐藤战略思想的痕迹，又反映出佐藤所思与国家战略实践之间的矛盾性。近代日本的海洋扩张与"大陆政策"相生相克。日本的海洋扩张虽长期策应"大陆政策"，但海岛国家的地缘属性和海权论的熏染又使一部分人对陆权扩张存在本能消极，佐藤铁太郎的思想就是突出代表。由此产生的"陆海之争"又使日本难以贯彻战略集中原则，最终演变成超越国力的陆海双向全面扩张。结果，日本与陆海两个方向的国家的矛盾全面激化，陷入两线作战。而且，日本海军虽一度崇拜马汉的海权论，但终未能践行其要义。又受传统和陆权扩张的影响，沉迷于舰队决战、攻岛掠地，忽视了马汉强调维护海上交通的本意。在太平洋战争中，海军的轻视护航，导致日本不能有效运用海路集中调用殖民地的战争资源，国力迅速消耗而战败。

日本海军战略的上述演变路径严重偏离了佐藤铁太郎主要用于保护海上通商的战略构想。在他的著作和论文中，虽然对与美国海军发生战争有过些许构想，但他本人也不希望在海上与这样的世界顶尖海军强国交兵。然而，日本走向全面海洋扩张的根源在于其自身的逻辑性，是不以统治阶层个别人的意志为转移的。其海军"南下"的根本原因并非美英制裁和美国的"挑衅"，而是其海洋扩张战略冲动和行为长期积累的结果。日本欲称霸太平洋的思维早在明治维新前就已经存在，并已在1907年制定的《帝国国防方针》中埋下伏笔，只是由于受国际形势和"大陆政策"的制约未能充分展开。至于后来美英对日本的制裁其实是和日本的"南下"互为因果——美英对日本的制裁只是在其明显流露出南下的迹象后才严厉起来。换言之，日本的全面海洋扩张谋略的实施是迟早的事，美英的制裁只是促使日本提早实施而已。当日本既要扫荡美英在华利益，充当东亚大陆霸主，又想称霸西太平洋，与传统海洋霸主的对垒就难以避免了。尽管佐藤在日俄战争后就已经看出了日本战略上剑走偏锋的苗头，并企图纠正之，但在整个日本军国主义战争机器面前，佐藤不过是其中的一个齿轮而已，难以扭转大势。

佐藤的海军战略思想还存在一个重大缺陷，就是作为职业军人，他试图从经济角度阐述国防主张的做法虽然有可取之处，但毕竟这方面学力有限，相关分析仍比较浅薄——他提出了要学习英国走海洋通商道路，致力于海军建设，却忽视了日本在国情上与英国存在重大区别。事实上，日本海洋扩张同美英海权扩张的相同之处在于两者都具有浓厚的殖民主义色彩，区别则在于美英主要是凭借海军确保海上商业通道，逼迫殖民地开放市场，通过不等价交易获取廉价资源，日本则主要凭借海军为陆军开道，直接掠夺他国资源。在列强之间的殖民经济竞争中，美英更倾向于靠资本及商业实力取胜，海权论和"门户开放政策"的真谛即在于此；日本由于工业相对落后，难以依靠市场手段与美英争夺殖民地资源和市场，其海洋扩张就倾向于对他国实施吞并或排他性占领，对于殖民地的资源、市场乃以军事独占为后盾实施完全垄断。比如，美英控制下的"南洋"，日本人尚可前去经商；日本占了"南洋"则把美英的经济、政治、军事势力全部清除。正是这种海洋扩张方式的不同导致美英对日本的海洋扩张感到恐惧，矛盾难以调和。由于佐藤未能看到日本经济的落后性，其提出的海权观点就存在脱离日本实际的成分，在实施过程中就容易变形，变成赤裸裸的武力征服和掠夺，而且其与英美等国的海洋竞争很容易走向对抗。

导致日本走向全面海洋扩张的根由，在于佐藤战略思想极力反对的一个战略倾向——进军大陆。从某种意义上说，如果说明治、大正时期的日本近海扩张是"经营"朝鲜和"满洲"的需要，那么昭和时期的全面"南进"则仍同侵华战争密切相关。1927年5月25日，日本首相田中义一曾在上呈天皇的奏折中称："如欲征服世界，必先征服中国。倘若中国完全被我国征服，再利用中国的富源，征服印度及南洋群岛，并进而征服中、小亚细亚以及欧洲。"由此可见，日本统治者本来是把吞并中国作为南下海洋扩张的前提。但是，中国的抗争完全打乱了日本侵略者的战略布局，日本统治者急切"南下"，也是为打开解决所谓"中国事变"的局面。因此，当日本走上大陆扩张这条不归路时，佐藤战略思想的精髓事实上已经被抛弃了，他有关大陆扩张将导致日本走向亡国的预言却变成了现实。

不过，从外交角度看，佐藤海军战略思想对于日英同盟的建立和维护发挥了积极作用。1902年，日本为夺取远东制海权，打赢对俄战争，与海上霸主英国结盟，并在盟约的秘密条款中规定：两国海军应配合行动，在远东海域确保对第三国的海军优势。英日同盟对日本夺取日俄战争的胜利发挥了重大作用，并两次延长。日本海军以世界第一大海军为后盾，得以在远东海域长期保持主导地位。英日同盟时期也是日本陆海扩张比较"顺手"的时期。英日同盟的建立实际上站在了佐藤理论的延长线上。而与佐藤的"海主陆从"思想相背离的另一个对外结盟即德日意三国同盟的失败，也从反面证明了佐藤论断的正确性。如果说英日同盟是日本同英国基于海权的合作，那么三国同盟则主要缘于德日大陆扩张战略的苟合。由于德国海军原本较弱，且忙于欧战，难以有效支援日本海军。同盟的建立虽对日本强占印度支那、新加坡起到一定作用，但对日本海洋扩张整体上帮助不大，德意海军与日本也基本未进行过有效的战略或战役配合。相反，三国同盟还进一步促使美英海洋势力把日本同德意作为一个整体来打击。因此，二战结束以来，日本国内在论及海上安全政策时经常把英日同盟和三国同盟作为正反教训，为维护日美海上安保合作提供依据。

第 3 章

佐藤战略理论的渊源与发展

佐藤思想产生的理论渊源

佐藤的战略思想以英国等欧洲国家的军事思想、马汉的海权论为主要研究对象，其思维逻辑则深受中国《孙子兵法》的影响。

《孙子兵法》与佐藤思想

诞生于两千五百多年前的《孙子兵法》，以东方人特有的智慧，诠释了世人正确认识战争、准确把握战争规律的最高境界，是世界军事理论领域的瑰宝。目前，《孙子兵法》已经被译成近 30 种文字，仅在日本就有近 200 种不同版本的《孙子兵法》。史料显示，734年，也就是唐朝处于鼎盛时期的开元二十二年，在中国留学长达十七年之久的日本人吉备真备历尽艰辛回到自己的祖国。这位文武兼修的饱学之士，在离开繁华的唐朝都城时没有携带什么丝绸珍宝，而是用唐朝廷赏赐给他的钱来买书，将大批记载中国兵学阵法知识的书籍捆载而归，回到故乡后传授给日本的文士武将。而据另一部日本古书《续日本纪》记载，吉备回国后的第二十六年即760年，奈良王朝曾派授刀舍人春日部三关、中卫舍人土师宿弥关城等六人到太宰府跟随吉备学习《孙子兵法·九地》《诸葛亮八阵》以及结营向背等方面的知识。这说明吉备所带回的这批典籍中确实包括被人们奉为"兵经"的《孙子兵法》。如果这一记载准确无误的话，那么《孙子兵法》传入日本至少有一千二百多年的历史了。

　　日本著名兵法史学者佐藤坚司甚至认为，《孙子兵法》传入日本的时间还要早于吉备真备时期。按照他的推断，663年以前，中国兵法就已传入日本了。因为，在663年，曾有来自朝鲜半岛百济国的几位兵法家到过日本，指导修筑了几座城池，并因为精通中国兵法被授予荣誉勋位。佐藤坚司推测很可能是这几位百济兵法家把中国兵法（当然包括《孙子兵法》）传入日本的。他的证据是，在五十七年之后成书的《日本书纪》中，出现了"倏忽之间，出其不意，则破之必也"这样的话，这与《孙子兵法·计》篇的"出其不意"以及《虚实》篇的"趋其所不意"，在文字和意思上是相同的。佐藤坚司的推断将《孙子兵法》传入日本的时间向前推了七十多年，而且可能由此改写该书传入日本的路径，即《孙子兵法》不是借扁舟孤帆之力从中国大陆循海路直达日本，而是先传入高句丽、新罗、百济三国鼎立时代的朝鲜半岛，然后才由百济兵法家们传入日本的。

不管《孙子兵法》是由谁传入日本的，大家一致认为吉备真备和百济兵法家们在历史上都为中日兵学交流作出了贡献，特别是吉备真备在日本开创了注释、研究《孙子兵法》的传统，也使得同样具有东方文化背景的日本兵法学界在弘扬《孙子兵法》精义方面作出了巨大的努力。日本历代兵家将帅都有人对它情有独钟，战国时代著名武将武田信玄平时就很尊敬孙武这位无法见面的老师，他的案头总是放着一部《孙子兵法》，他的军旗上则绣着"风、林、火、山"四个大字，蕴含着《孙子兵法》中"其疾如风，其徐如林，侵掠如火，不动如山"的用兵境界。兵法家北条氏长、山鹿素行、荻生徂徕、吉田松阴等人也都有颇具独特见解的研究著作问世，代表作是山鹿素行的《孙子谚义》。在明治时期，日本海军上下都以学习英国海军战术为时髦，但也有不少将领仍钟情于传统兵法，尤其是《孙子兵法》。1903年，日本海军大学的八代六郎编撰《战争艺术精髓》一书，大量引用《孙子兵法》，并将这些军事思想与西欧军事理论进行对比。1905 年日俄战争中，日本陆军将领乃木希典应用《孙子兵法》中"以逸待劳""以饱待饥"的名言，战胜俄军。战后，他自费出版了《孙子谚义》赠送友人。

从日本建立海军到二战时日本海军全军覆没，在七十多年的历程中，《孙子兵法》几乎见证了日本海军的崛起、强盛和衰败。成长在日本这一时代的佐藤铁太郎虽然很重视西洋兵法研究，但同样对《孙子兵法》给予了高度评价，称"在古今中外的兵书中，《孙子兵法》是论述战略最宏伟而且容易深入研究的好著作"。他不仅编过《意译孙子》，而且专门著了《孙子御进讲录》，为日本天皇讲授。他还重点提出了孙子"不战而屈人之兵"的思想，并把这一思想渗透到其海军战略理论之中。纵观佐藤的理论专著，与同时代大部分日本高级将领的著述相比少了一些杀气，多了一些慎战思想，深层原因就在于受到了《孙子兵法》的影响。

马汉海权论与佐藤思想

阿尔弗雷德·塞耶·马汉是美国杰出的军事理论家，曾两度担任美国海军学院院长。他在 1890 年至 1905 年间相继完成了被后人称为马汉海权论三部曲的《海权对历史的影响（1660—1783）》《海权对法国革命和法帝国的影响（1793—1812）》和《海权与1812年战争的联系》，其有关争夺海上主导权对于主宰国家乃至世界命运都会起到决定性作用的观点，更是盛行世界百余年而长久不衰。直至今天，《海权对历史的影响》仍被认为是历史上产生过巨大影响的军事名著之一。马汉的海权论内容非常丰富，核心内容有以下四点：

一是海权与国家兴衰休戚与共。马汉不仅在书中首创海权概念，而且认为"海权即凭借海洋或者通过海洋能够使一个民族成为伟大民族的一切东西"。马汉认为海权应该包括海上军事力量和非军事力量。前者包括所拥有的舰队，包括附属的基地、港口等各种设施，后者则包括以海外贸易为核心的、和海洋相关的附属机构及其能力，也就是国家海洋经济力量的总和。建立和发展强大的海上力量对促进国家经济的繁荣和财富的积累、夺取制海权和打赢海上战争以及维护国家国际政治地位具有重要的意义，决定着一个国家和民族能否成为一个伟大民族。因此，马汉的海权论实际上是论述如何通过夺取制海权以达到控制世界的理论。二是影响海权的六个要素。（1）地理位置。如岛国，既不靠陆路去保卫自己，也不靠陆路去扩张领土，而完全把目标指向海洋，比大陆国家拥有更明确的向海洋发展的战略目标，具有发展海权的优越条件。（2）自然结构。致力于发展海权的国家，必须拥有漫长的海岸线，要有许多能够得到保护的深水港湾以及深入内地的大河等条件。（3）领土范围。国家发展海上力量必须要有一定面积的领土作为依托，领土的大小要与国家人口的数量、资源及其分布状况相称。（4）人口数量。人口以从事海洋事业的人员为主，可以为海军的发展提供充足的兵员。（5）民族特点。一个海军强国的人民一定会渴求物质利益，追求国内外有利可图的商业往来，也可概括为一个民族强烈地追求海外殖民地、追逐海外利益的民族精神。（6）政府性质。政府要具有海洋意识且对海军重视，政策上具有连续性。三是海权与陆权之间的关系。马汉认为：海权与陆权相互制约又相互依存，他非常重视陆上"依托"对海上力量的意义。四是海权的运用必须遵守"战争法则"。马汉在书中用大量战例具体阐释了一些重要原则，如集中优势兵力原则、摧毁敌人交通线原则、舰队决战原则和中央位置原则等。

马汉的海权论著作一经问世就受到了日本人的重视。在哈佛大学学习的金子坚太郎（1853—1942），首先把马汉的著作介绍到了日本。《海上权力史论》在美国博得声名后，金子坚太郎很快节译了"海上权力相关要素"赠送给当时的海军大臣西乡从道，并在1893年（明治二十六年）7月号的《水交社记事》中作了介绍："这是近来杰出的一大海军珍书，不只是美国海军社会，在欧洲各国军人社会政治家外交官之间也广受敬迎，是我社会员必读书。"随后，《水交社记事》10月号到12月号分三次对《海上权力史论》第一编全文进行了连载，并在日本海军、政界产生了很大反响，高级将领、政府高官纷纷拜读。1896年，以副岛种臣为会长，近卫笃磨为副会长，尾崎行雄、涩泽荣一、犬养毅、金子坚太郎、小村寿太郎、原敬等为评议员的东邦协会全译出版了《海上权力史论》。会长副岛种臣在序文中声称："吾国，岛国也。"如果熟读马汉的著作、掌握马汉强调的制海权，则日本一定能够支配太平洋的通商，巩固海防，征伐敌人。水交社干事肝付兼行（原海军大学校长，中将）在序文中写到，该书"照亮了海军进步的道路，破开了吾人心里的迷惑"。日本高度评价《海上权力史论》。此后《水交社记事》评论称"马汉大佐开垦了前人未开垦的新版图"，"马汉以前没有马汉，马汉以后也不会有马汉"。1899年3月，教官坂本俊笃大佐向校长柴山矢八少将提议聘请马汉为海军大学教官。

尽管聘请马汉的愿望没有实现，但日本还是积极顺应了马汉海权论在列强中掀起的"建设大海军"浪潮。日本海军大臣山本权兵卫不仅派青年将领秋山真之留学美国以马汉为师，而且在佐藤铁太郎留学英国之后，又派其到美国接受马汉的熏陶。佐藤铁太郎使马汉的理论更适用于日本的地政学和战略状况，并创立了日本特色的海洋国防理论，他的代表作《帝国国防史论》字里行间渗透着马汉的味道，成为指导日本海军发展的经典著作。

在该书中，佐藤详细论述了作为"海洋之国""岛屿之国"的日本应以英国为模型，将海洋作为一线国防的主张，指出日本海军的主要战略目标是歼灭跨越太平洋的来犯之敌；而这一目标的实现，应以确立日本海军力量在西太平洋的局部优势为前提。佐藤还以马汉的海外扩张论为基础，阐述了日本应向全球海洋发展的思想。他认为自己所处的时代"是世界性发展的重要关头，而世界性发展有待于海洋发展，世界发展的前途在海洋上"。佐藤还援引马汉理论，大力倡导战时军队的目的是击溃敌舰队，掌握制海权。在军备的标准和假想敌的设定方面，佐藤也受马汉的影响。马汉认为"一国军备的标准，不应只是能够应付偶然发生的危险，而是能够应付最可怕的危险"，"因此，其标准是能预测到的与最强的假想敌国的军力相对的本国能集结的兵力"。与此相应，佐藤对假想敌的定义为"其国交不论远近，凡相关国家都可视为假想敌，而其中实力最强者，应是我们的对应目标"。他的这一结论，曾长期被日本海军作为军备的经典依据，一直到太平洋战争爆发。

更耐人寻味的是，佐藤学习马汉海权论的重要目的，就是研究如何对付马汉的祖国美国。佐藤与秋山真之的合作研究，通过分析日本特殊的地理和战略状况，推算美国舰队西进的实力，最终还提出了日本海军军备最低应保持在太平洋上敌对国（实际指美国）实力的 70% 以上。"对美七成"说因此成为日本在与美国裁军谈判中死守的底线。受马汉日美冲突宿命论的影响，佐藤还强调要对美备战。结果，在第一次世界大战前就开始流行的"日美必有一战"的说法，在二十多年后变成了自我预言的实现。

英国历史研究与佐藤思想

佐藤铁太郎熟谙中国典籍并深受其影响，很喜欢《管子·形势》篇中的一句话："疑今者察之古，不知来者视之往。万事之任也，异起而同归，古今一也。"这句古语的意思是："不能理解现状时，可以从过去的事情中进行推察。不能预想未来时，可以回首过去。所有事情即使表现方法不同，但其法则古今相通如一。"佐藤曾说过："有人认为史书上的事实千差万别，难以进行摸索。但如果潜心探求其因果，通过恰当的判断，对其变迁的事实进行比较，就必然会发现其传承脉络，意识到'历史是重复的，并非总是崭新的'。这个道理并非仅限于历史，世间万象没有完全不同的，必然有类似之处。因此，在历史中总结相似之处，寻找其中蕴含的不变规律，就更会深深感触到'历史是重复的'这一观点。"基于以上认识，他非常重视对英国作为海军强国崛起的历史的研究，注意学习英国对欧洲海军发展历史经验的总结。

1898 年 11 月，英国海军中将克劳姆的著作在日本被水交社作为《海战论》翻译和刊行。翻译者肝付兼行在《海战论》序言中写道："天地间一切都被真理主宰，顺之者昌，逆之者亡。用兵之道亦如此。古今之兴亡历史表明了这一事实。若现在针对海军举出其明显的事例，则远有迦太基集中力量于水师掌握地中海的管制权，近有拿破仑优先制海权、图谋占领对岸的环海国。与此相反，正是出于以上考虑，将本书翻译出来，以供水交社的社员参考。"佐藤铁太郎拜读了《海战论》后深深为之倾倒。与克劳姆一样，佐藤也高度重视研习历史，详细调查战例，力图从中归纳可资为教训的原则。

通过对世界海洋争霸史、英国国防史的研究，佐藤铁太郎首先得出的历史法则是"远离自卫，走近侵略，乃亡国之根由"。由此可见，虽然作为军人，佐藤把军事作为最优先的研究对象，但其思想却超越了一般军人的思维，而正是这种超越，使他的理论拥有了批判当时日本国防政策和军事理论的能力。同时，通过对英国海军历史典籍的学习，佐藤进一步坚定了建立"海洋帝国"的观点。他强调日本与英国地理环境相似，同为海洋民族，应向英国学习，向海洋扩张，把日本建成"亚洲的英国"，把建立"海洋帝国"作为日本国家发展的根本战略目标。

佐藤铁太郎在代表作《帝国国防史论》中还举出国防的三大要素：地理条件、经济、对国民的影响（军事负担的大小），并据此摸索适应于国际军事形势的军备方法，提出通过选择和集中国力，坚持"海主陆从"，构筑与岛国日本相适的以最少费用发挥最大效果的国防体制。

佐藤理论的鹊起

对日本海军来说，甲午海战仅是一次战略预考，与当时公认的海军强国对抗的日俄海战才算是一次"正式考试"。因此，日俄海战之后，日本海军非常重视经验教训的总结。海军战略思维最为活跃的佐藤铁太郎更是如此。为此，他向海军大臣斋藤实提出了申请，恳请调到便于进行学术研究的海军大学工作，计划以日俄战争的战训为基础，重新构筑海军战略思想。

他在申请书中这样写道：

希望卑职在下文中所讲的内容对您能够有所帮助。这是卑职在研究学习中的一点心得体会，如果您在公务闲暇之余能够翻阅一下，卑职将不胜荣幸。

正如您所知，卑职探讨过海军军备应当参照的最低标准等问题，如今主要从事国防问题的研究，并对海军的国防意义作过一些阐述。在探讨卑职海军军备应当采取的最低标准的同时，卑职还收集了在国防上可以称之为戒律的战例，以供上级参阅。下面卑职想汇报一下自己从事国防问题研究的经历和夙愿，恳请您在百忙之中抽出时间阅览。如果您能认同在国防问题上的观点，还劳烦给予推介。

卑职从明治二十三年左右（那时我还是少尉）开始从事国防问题研究（当时，拙论曾送呈朝鲜国公使馆付柴山海军大尉审阅，该大尉审阅时还誊写了卑职写的书，并作为参考提交参谋本部，后来卑职奉职于海军省，竟在军令部第二局发现了卑职草稿的誊写本，颇感惊讶）。

明治二十七年，出羽中将担任"赤城"舰舰长时在此问题上也非常赞同卑职的意见并阅览了拙作，中将阁下帮卑职提炼了主要观点，还在调动工作时带走了拙作。此后，在中将的恩准和鼓励下，卑职得以继续从事研究，并想方设法得到了研究所需的资料，在明治二十七年、二十八年的战争中也没有间断。

战争结束后，卑职利用担任军务局课僚的在京机会得到了一些资料，研究得以不断推进，并因此尝到了难以忘却的乐趣。但由于某些原因卑职不得不停职待命，于是将上述研究所得向当时的课长出羽中将作了汇报。

当时的局面使卑职一度无暇研究思考，非常遗憾，后来接到了派任英国的命令，于是决定借此机会重新开始研究，并向山本大臣奏明，卑职将以国防问题作为终生的研究方向，并将以此研究为基础继续为国家效力。

此后的情况如您所知，无须赘言。总之，上述研究思路被汇报给大臣阁下，并得到了认可。在大臣的关心下，卑职更加坚定了将上述研究作为终生事业的决心。同时，考虑到我国国防的前途，卑职认为国家有必要根据可靠的研究论述，确定应当采取的长期国防方针，但这样的研究若无大臣阁下的支持是无法实现的。卑职坚信，在此研究的基础上，大臣阁下必将成为我国国防方针的确立者，日后得到众人的敬仰，这也正是我们所期待的。虽然仅靠卑职一己之力无法实现，卑职愿意尽微薄之力，报效国家。

卑职相信，该事业固然困难，然若不将海军的国防意义注入同胞国民的脑海中，我国即使出现腓特烈那样的伟大人物，也不足以维护国家万世永存。同时，确立坚定不渝的国防方针，既是大臣阁下的伟业，也是终生夙愿。卑职虽然天性愚钝，但决心倾全力于该问题的研究。虽然目前未必是畅所欲言的最佳时机，但卑职还是将多年研究心得汇成国防论一文呈上，只要能为国家尽绵薄之力，即使化为灰烬也不足惜。卑职常常想，既然将此问题确定为终生研究目标，当然要全力以赴，如果有让卑职为国家尽忠的机会，就要专心研究，以图他日成就大器，绝对不能因浅尝辄止而留下遗憾。

基于上述想法，卑职一直在等待继续研究的机会，战（日俄战争）后得以继续为国效忠。任职期间，卑职从自己进行的战史研究中吸取教训，试图凭微薄之力消除军备建设中的不利因素。虽然在很多时候痛感个人力量的无奈，但仍深感以往作战中一些教训之惨痛，认为不应当忽视它们。同时，卑职还常常彻夜思考一些问题，比如，为什么我海军各种内务无可指摘，但作战训练却不够充分。类似问题的解决并不取决于卑职个人力量的大或小。但卑职认为，我海军对战例的研究总体上看不够充分，没能深刻思考每次战争的成败得失。我们应进一步研究自古以来的战例，总结其经验教训，呈交当局；我们还应该形成重视战例研究的风气，力图每一次战争都能推进理论的完善，指导我们不断取得新的胜利。

基于上述考虑，卑职才提出汇集各种战例加以研究。国防问题研究涉及方方面面，不可能在几年内完成。但是，卑职立志将此作为终生目标，虽然个人力量是微薄的，但只要能在军备建设上为当局提供一点建议，为国防作一点贡献也会感到不胜荣幸。

最后，卑职将自己的研究目的和期望归结为如下几点：

一、收集在战争发展及战势推移时值得参考的战例。例如，当敌人在阵地前登陆时，指挥官应该注意哪些事项？怎样预防不测事态？等等。这时，如果有丰富的抗登陆战例供指挥官参考，则无疑对作战计划的制订及实施极为有益。因此，卑职想根据这些需求，尝试收集整理战例。

二、制定帝国国防应当长期坚持的方针，以供后人遵循。这正是此时需要解决的问题。考虑到未来可能出现的争论，卑职希望通过研究自古以来各种战例，力图借助比较丰富、完善的资料，通过系统完整的论述，永远确立海军国防的地位。

三、研究有关帝国国防中海军应当采取的方针和标准。以上是卑职的研究目的。

四、只要时机允许，将从更广的范围继续研究国防问题，并以此研究竭诚为国家效劳。

五、以有关战例整理和分析作为第一阶段研究成果，同时确定海军国防的地位和海军军备的最低标准。

六、完成第一阶段的研究后，将进一步开展实地问题的研究，在适当的时机赴南洋地区调查，进而在时机允许时从事相关作战和理论研究。

以上是卑职的期望。

上述所言虽然行文粗疏杂乱，难免谬误，但并无不敬之心，非常急切地希望您能够了解我的一些想法。信中若有直言冒犯之处，恳请您能谅解。即使您站在对后人负责的立场对在下呵斥教导也是我的荣幸。

明治三十八年十二月十二日夜

佐藤铁太郎谨上

从这份书信中可以看出，日俄战争后，面对国内风靡一时的进攻大陆热，佐藤铁太郎尚未提出对抗性的国策论，但已流露出强化海军在国防中的地位、以战训为基础总结海军战略思想、专心研究国防的意图。佐藤如愿到海军大学一边担任教官，一边进行研究，发表了集其研究大成的代表作《帝国国防史论》。但是，一次佐藤看过陆军某位将军提交的秘密书信后极为愤慨，迅速起草了反驳意见，并欲将意见提交有关部门。结果，事后不久，佐藤突然被调离海军大学，任命为练习舰队的舰长，在明治四十二年（1909）、四十三年（1910）连续实施远洋航海，无法继续研究自己关心的国防问题。据佐藤晚年回忆，海军大臣斋藤实担心佐藤与某将军持有绝对反对意见，继续留在日本国内会引起陆军和海军的冲突，所以只好将佐藤打发出海以求息事宁人。

明治四十三年，情况似乎发生了根本性变化。佐藤的代表作《帝国国防史论》被允许面向大众出版，而以前只能以附录的形式发表在海军内部杂志《水交社记事》上，且仅以海军内部相关人士为对象。此次出版，不仅有明治重臣伊藤博文作序，海军元勋东乡平八郎也题字"自强将命"鼓励，以向广大国民说明了建设海上力量的重要性。这一年，日本拒绝了美国国务卿诺切斯的满洲铁路中立化方案，发生了震惊政界的"大逆事件"（明治四十三年，多数社会主义者和无政府主义者计划暗杀明治天皇，其中26名嫌疑人被以"大逆罪"起诉），吞并了朝鲜，并缔结第二次日俄协约，不断推进大陆扩张。在内外局势复杂动荡的情况下，佐藤作为现役军人能够将《帝国国防史论》公开发表，在当时是很不寻常的，这并非仅因为其本身的魅力，更根本的原因是当时日本的政治、经济和社会环境需要一部正面批判陆军所主导的大陆扩张国策的著作。

明治三十九年（1906），英国"无畏"级战舰下水，这是一种划时代的新战舰。日本在大正二年（1913）向英国订购的巡洋舰"金刚"号下水后，才拥有能够应对"无畏"的战舰。该书的出版表明日本对自身国力缺乏自信，担心大陆扩张和陆海并行的军扩行不通，可能导致财政危机更加严重，更担心技术上落后于欧美各国，难以应对世界海军军备竞赛愈演愈烈的趋势。特别是明治三十六年（1903）的日俄战争前夕，日本的外债为9763万日元（同年的一般会计岁收为 2.6022 亿日元），但到了明治四十三年，为了募集日俄战争的军费，日本拼命发行外债，一度膨胀到 14.47215 亿日元，是同年一般会计岁收 6.72873 亿日元的两倍以上。在当时的国际社会，如果一个国家不能及时偿还外债，债权国就会以此为借口将该国殖民地化。因此，甲午战争前，日本政府对举债非常谨慎，一直不愿意发行外债。明治四十三年的一般会计岁收中，国债费不过 1.71385 亿日元。由于不愿意依赖发行国债填补财政亏空，又面临与列强军备竞赛带来的巨大压力，日本财政正一步步陷入危机。从第二年明治四十四年（1911）开始，《东洋经济新报》通过社论展开了反大陆扩张论，为重建财政要进行根本性改革的舆论日益高涨。

这次财政改革的方略与 19 世纪 70 年代、80 年代大藏大臣松方正义推行的财政紧缩改革相类似，主要是压缩财政支出，放缓大陆扩张步伐，以图大幅削减军费开支。当年，为解决军备扩张引发的财政危机，松方不顾民生，强行压缩非军事开支，曾引发严重的通货紧缩，农民、中小企业主甚至士族阶层中相继出现了破产者，民间出现了大量暴乱。事实上，早在 1884 年 11 月 1 日，3000 多名养蚕的农民就曾因苦于苛政压迫，拿起刀、棒、猎枪在秩父郡吉田村发动了起义，史称"秩父事件"，结果遭到了明治政府的残酷镇压。这次，面对财政破产的险境，日本当权者害怕类似事件发生，只好忍痛削减军费。而要削减军费，首先必须说服陆军暂时抑制大陆扩张的冲动，放缓扩军步伐。

如此一来，反对大陆扩张的《帝国国防史论》正好可作为舆论上压制陆军反弹的工具。这主要是因为，佐藤的《帝国国防史论》极力声称陆军耗费经费多，而海军需要的兵员数少，仅通过志愿兵制度就能充分保证兵员数，能够减轻国民的军事负担。他认为，在经济上，海军军备不仅能直接带动造船业发展，而且可促进海运、钢铁、机械、电气、光学、通信等各个产业成长，这是陆军所无法比拟的。这样，海军既可以将军备对民生的压力限制在最小限度内，又可加快经济发展的速度，而经济发展了，海军还能够及早采购必要的军备，在对抗欧美威胁上赢得宝贵的时间。他还警告，如果轻视民生，将强化陆军和海军的战力同时放在同等优先地位，则不单会延迟国力增长，更会导致国力的衰退。

对日本来说，佐藤理论的最珍贵之处在于看到了日俄战争后陆海军并行的扩军和大陆扩张对日本经济带来了极大的恶劣影响，提出军备增长要与国力发展相互适应。在日俄战争前的《帝国国防论》中，由于中日甲午战争对日本经济的影响较小，佐藤对人口、经济、军备关系的考察也比较简单。而在日俄战争以及战后，佐藤从国民的脸上目睹了远远超过日清战争时期的疲惫，看到很多日本家庭由于亲人从军而失去养家糊口的顶梁柱，很多人家兄弟全部出征到战场，只剩下老迈的父亲独守山田。此情此景对渗透有儒家精神的佐藤来说精神上无疑有很大的冲击，他深感必须减少战争为国民带来的损害和不幸，进而才提出了"远离自卫，走近侵略，乃亡国之根由"这一富有历史洞察力的观点。在《帝国国防史论》中，佐藤专门以"节约军备"为题单独成章，阐述发展军备不具有增进国民福利的能力，"节省军费，将资源尽可能用于帮助生产事业的进步，是在增长国势方面必须要注意的"。佐藤甚至强调，与大陆国家相比，作为岛国，不需要必须依赖征兵制的陆军，能够依靠以志愿兵为主体的海军维护国防本属于幸事，而日本的现状却是在海上配备强大海军，同时又要在陆上配备数倍于英国的陆军，这毫无道理。

在《帝国国防史论》中，佐藤还尖锐批评陆军滥用大陆扩张论压迫民生。指出正是在以大陆为扩张目标的日俄战争结束后，国敝民疲的状况才逐渐严重起来。由于将大陆扩张作为国策，日本不仅不能在日俄战争后实现裁军，军事预算反比以前要增多。为了确保财政收入，支撑不断扩张的军备，日本没有废除战时的特别税，导致很多民生建设项目无法落实。比如，明治四十三年日本全国曾发生严重的洪灾，政府为此临时成立了治水调查会。据该调查会估计，从明治四十四年到明治六十一年（1988），日本改良主要河道、防沙、植树造林工程等水利建设需要 1.93087471 亿日元，而另一方面，政府预算确定的陆军省明治四十年（1907）到明治五十年（1917）年度计划开支金额合计就高达 1.75271277 亿日元，对民生建设压力之大可想而知。为减少祭祀供养方面的公共开支，减缓军备对财政的压力，政府只好推行"神社合祀"。结果，从明治四十年到四十三年，日本全国每年以"合祀"的名义破坏 1 万多个神社，砍伐神社的树木，将名胜古迹转为农田和公共设施，"神社合祀"因此被称为明治"最恶暴政"。

在《帝国国防史论》一书中，佐藤还公开反对陆军对朝鲜的吞并。日本在明治维新之初就流行"征韩论"，抱有吞并朝鲜的企图。在 1894 年之前，日本曾企图通过扶植亲日政权达到控制朝鲜的目的，但却遭到中国的反对和钳制，为此日不惜发动了甲午战争。战后，日本因为害怕欧美国家的反对，一度在国际上宣称保障朝鲜王国的独立。但是，日俄战争后，日本将大陆扩张作为国策，强化了对朝鲜半岛的干涉，强迫签订《日韩合并条约》，吞并了朝鲜，并对朝鲜采取血腥的"武断统治"，镇压朝鲜人民的独立运动，遭到了激烈反抗。后来，在意识到武力镇压难以消除朝鲜人恢复独立的愿望后，日本又推行创氏改名和皇民教育，强制朝鲜人起日本名，学习日语，试图将朝鲜人改造成日本人。对于陆军主导的上述侵吞朝鲜的主张和政策，佐藤站在反对大陆扩张的立场上，基本持否定态度，他还直言道破了吞朝鲜与进军大陆之间的战略逻辑关系：朝鲜半岛是大陆扩张的大动脉，如果将大陆扩张作为国策，就必须将朝鲜半岛置于日本的完全统治之下，而承认朝鲜国的独立就意味着断绝大陆帝国的野心。

佐藤对朝鲜在日本国防战略中地位的认识早在1887年作为"鸟海"号炮舰代理航海长在朝鲜海域巡哨时就开始萌发了。据他事后回忆："作为朝鲜警备舰'鸟海'号的乘员，在仁川目睹了清国对该国的态度，非常有感触。听说该国舰队在朝鲜海峡选定根据地，头脑非常受刺激。我怀疑帝国国防的方针果真恰当吗？随即我开始调查朝鲜名将李舜臣的事迹。李舜臣率领的军队曾在文禄庆长之役中击败我水军，该将军崇高的人格和伟大的功业值得日本人学习，我们更应该对攻势国防的意义抱有清醒的认识。"由此可见，在当时，佐藤等海军军官与陆军一样，也非常支持在朝鲜半岛采取攻势国防政策，所不同的是他不主张吞并朝鲜，而是希望使之成为日本抵御大陆安全压力的屏障。后来，佐藤在其著作《大日本海战史谈》中指出："朝鲜是个牢固的独立国家，如果成为我西部方向的屏障是最好不过的了。而假如我日本国能成为朝鲜的后盾，维护朝鲜的独立，不仅是日本国，作为朝鲜也会感到无比幸运。"为进一步印证自己的观点，佐藤还试图在中国、朝鲜、日本的历史关系演变中寻找支撑。他曾指出，在明治以前，朝鲜国既是阻止唐、元等大陆国家向海洋国家日本进攻的防波堤，又曾在文禄庆长之役中，作为挫败丰臣秀吉大陆扩张野心的防壁。朝鲜半岛的高丽政权从1219年年初（承久之乱两年前）与蒙古接触，到1274年日本发起文永之役，抵抗元寇入侵，前后有半个多世纪——正是朝鲜人对蒙古入侵的顽强抵抗，才使得元帝国对日本的入侵推迟了如此之久，使得北条政权能够有足够的时间巩固国内统治。

佐藤的上述观点虽然振振有词，不乏理性思考，但其中的很多观点也并非独他一人所有。事实上，当时日本政界、社会尤其是海军界对大陆扩张的前景普遍抱有疑虑，很多人都不赞成陆军的"日韩合并"主张。不但舆论界反对吞并朝鲜、大陆扩张者甚多，政界元老如伊藤博文虽然身为朝鲜首任总监，也对陆军元老山县有朋鼓吹的大陆政策持慎重立场，反对"日韩合并"。因此，佐藤的《帝国国防史论》选在日本正式吞并朝鲜国前夕公开出版是有深刻意味的，该书有关对朝政策的阐述颇有针砭时事之意。不过，历史的吊诡之处在于，恰在这一年，对日本政府决策拥有巨大影响力的伊藤博文被朝鲜爱国者安重根刺杀身亡。该事件使日本决策层的反对势力被严重削弱，日本政府因此在同意吞并朝鲜的问题上形成了一边倒的局面，迈向中国大陆的军靴随着《日韩合并条约》的签订跨出了决定性的一步。

不过，任何主张的影响都具有两面性，佐藤《帝国国防史论》的观点虽然迎合了当时日本统治阶层一部分人抑制陆军、控制军备的需要。但在现实政治中，日本政府的财政改革不可能只针对陆军。在这场财政紧缩博弈中，日本海军的预算也被大幅度削减。为了在萎缩的财政银盘中多争取一点拨付，海军高层也积极与财界、政界人士勾结，力求夺取政权，掌握财政分配的主导权。为此，在大正元年（1912）十二月，日本海军以英国海军协会为模型，纠集财界相关人士，成立了大日本国防议会。该团体实际上是日本海军、萨摩藩派阀、财界、政党势力（**主要是熟读佐藤著作的原敬率领的政友会**）与陆军、长州阀、大陆扩张论者相对抗的政治联合。在当时的政坛较量中，该联合通过积极的宣传活动，曾在1923年成功组建了由首个海军出身的首相、山本权兵卫海军大将为首的内阁。此时，佐藤的政治社会名望达到了人生的顶峰，也是其思想主张最接近实现的时期。

然而，此后随着日本政治、社会形势的风云变幻，陆军主张的大陆扩张再度占据了上风，批判佐藤过于重视海军、轻视陆军作用者越来越多，《帝国国防史论》也渐渐被冷落。当时，坚持大陆扩张的日本陆军认为，陆军与国家互为一体，"国家是土地、人民的总称，土地、人民与国家合为一体，不可分离"；"只有陆军能承担守土之责，时刻在土地上守卫，依靠海军拱卫国土只能奢望"；"只要我陆军存在，就能够护卫皇室，保持国家独立。陆军毁灭之日就是国家灭亡之日"；"即使海军毁灭了，我帝国也会巍然屹立其间，丝毫不会伤及生存"。陆军还坚信："战争必定由陆军来终结。守势如此，攻势亦如此。"日本陆军的这种信念即使在太平洋战争期间也未改变。当时，尽管希特勒德国丧失了制海权，但日本军部却坚持认为，只有德国的国土被敌人完全控制后才算战败，不到本土决战，就不是失败。正是在这种思想指导下，日本军部在战争后期发出了"一亿玉碎"的叫嚣，将不管男女老少的所有国民推入无底的战争旋涡，制造了冲绳大战用国民当肉弹的惨剧。

时隔近一个世纪后，日本学者在反思太平洋战争教训、研究战后日本防卫问题时再度想起了佐藤理论，认为大正后期政界、军界对佐藤理论的批判是错误的，军事力量的根本是能够有效保证领土、领海和国民免受侵略威胁；在当时国力极为有限的情况下，如何提高国防建设费效比，"在最短的时间内树立不可动摇的国防体制，才是明治时期日本的难题"，日本只有向德国、英国学习，优先整备适合本国地理条件的军备（德国为陆军，英国为海军），才是顶用的最好选择。如果单纯发展陆军，轻视海军而失去制海权，不仅对马、冲绳、小笠原、千岛等离岛被占领后无法夺回，而且还不得不将国民推入本土作战的战火。历史证明，陆军主导的军部依靠"数量就是实力，实力就是数量"这一力学逻辑操弄国政，将由征兵制支撑的无人能比的组织力作为政治武器，反复干涉内政外交，最终将日本引向了毁灭之路。因此，将陆军的数量控制在最小限度内是可取的，佐藤铁太郎提出的确立"海主陆从"的国防体制，能够确保日本的独立。

第 4 章

让陆军震怒的《帝国国防论》

　　1902 年出版的《帝国国防论》是佐藤的早期著作，体现了佐藤留学英美期间学习研究的成果。该著作近 10 万字，共分四章，首次系统阐述了他以"海主陆从"为核心的国防战略思想，并在当时得到了日本海军高层的普遍认可。号称"日本海军之父"，历任海军大臣、首相的山本权兵卫曾这样评价佐藤："岛国日本的国防绝不可走陆主海从之路，必须从历史的、学术的角度加以研究，以启迪国民，选择、确定适合海洋国家日本的国防路线，而佐藤正是这样一位爱好国防研究并能够胜任这一使命的人。"为影响核心决策层的战略取向，日本海军在此书出版后不久，即将其呈送给明治天皇，还发给国会议员阅读。《帝国国防论》对当时日本统治阶层的国防战略思维冲击很大。因为该书对陆军坚持"陆主海从"国策、维持对海军的优越地位直接提出了挑战，明确要求建立陆海对等体制，主张、立论又自成体系，难以批驳，因此引发了日本陆军、海军之间关于国防战略重点的激烈争论。在书中，佐藤还准确地预见日本必将进攻大陆，走上侵略的道路，并因此可能导致失败，这一具有历史洞察力的战略预言一针见血，点中了日本陆军将领大陆扩张战略的要害，让他们感到了刺痛，作出了激烈反应。对此，佐藤的军校同期生铃木贯太郎曾回忆说："当陆军元帅山县有朋看了这本著作后，怒不可遏。"元老山县的愤怒侧面证明了佐藤理论的分量和影响。

与陆军扩军论唱反调的军备论

甲午战争之后，日本陆军大臣山县有朋迅速提出了要"扩大利益线"，向大陆再进军，当"东洋盟主"的主张。陆军主导的参谋本部因此制订了扩张军备的"十年计划"，要求日军在现有 7 个师团的基础上，再增加 7 个师团，使战时兵力达到 60 万人，还要迅速扩充炮兵和骑兵。到 1902 年，日本陆军正处于完成"十年计划"的关口，佐藤的《帝国国防论》却洋洋洒洒，以十万笔墨与陆军唱起了反调。

军备应立足自卫

佐藤在《帝国国防论》中强调，一国创建并维持军备的目的首先在于自卫。该书认为，在古代人类未开化时，侵略邻国、掠夺邻国沃土、扩张本国版图乃英雄之举。古往今来，人类世界的历史充斥着侵略争夺的记录，从前1496年到1861年这3357年间，可称得上和平的时期仅有二百二十七年。由此可见，战争频发主要是人类的秉性使然，几乎不是人力所能左右的。在欧洲列强崛起后，大国之间力量相对均衡，数个小国又往往采取合纵连横之策来遏制某一强国的野心。从此，世界格局发生了重大变化，面对国际力量对比的频繁消长，各国权衡国家利益得失和战略风险，似乎开始对战争采取慎重的态度。然而，这些不过是表面现象，国际关系中强者对弱者的欺凌和鄙视依然如故。世人皆知，所谓正义、人道不过是强权阳奉阴违、善用武力的借口而已。战争的性质虽因交战双方的关系而有所不同，但本质上都不是基于什么高尚的理由，为实现权力欲望而相互征伐者比比皆是。所以说，战争是难以根除的，今日之太平绝不可信，各国之修好也绝不可靠。

然而，佐藤又坚信侵略他国、炫耀国威绝非国家军备的出发点。《帝国国防论》对世界历史进行分析后发现，国家如果企图通过侵略和征服来增强国力，永远确保国家的昌盛，往往会得到相反的结果。看看自古以来大国兴衰的历史，无一不是兴于自强亡于侵略。世人或许会想起亚历山大的盛世、罗马帝国的繁荣以及马其顿那样具有强烈征服欲望的王国。可是，这些国家尽管曾在历史上大放异彩，也尝尽了战争带来的苦果，最终全部走上亡国之路，无一留存于世。因此，"国家只知尺进而不知寸退乃千古之通病也"，"若翻开中欧列强的历史看看他们的兴衰过程，没有一个国家能够将国运之繁盛保持千年。最为愚蠢的是，乘一时风云而威震宇内，扩张国土，却不知不觉地踏上与霸业目标完全相反的道路，重蹈古人之覆辙"。假使日本帝国像他们那样走上侵略之路，即使能够得到数十倍乃至数百倍于这些国家的疆域，最终仍必然会重蹈他们的覆辙。因此，如果期望保持国家的完整、发展和永存，就绝不能走上侵略之路。

佐藤在书中认为："我国有着 2500 余年的历史，世代沐浴着皇恩，没有受到过外辱，实乃帝国之盛德波及四宇闻名远近之故。丰臣秀吉征战朝鲜之举足见其雄才大略。尽管其出师未捷身先死，梦想化为泡影乃人生一大憾事，可退一步想，正因为我国最终未能成功掠夺他国，万世江山才得以确保。我帝国所期望的是延续皇统万世一系，确保真正的帝业。要实现这一期望，应该学习英国的强盛之路。英国把

'自强'作为国家大政方针，追求财富于海外，而未走征服大陆之路，才得以成就今日的强盛。然而，英国人遵循先贤的遗训，克制住征服大陆的欲望，趁对岸列强相互攻伐、争夺的机会，专心在海上积蓄力量，以易守难攻之有利地形，专注于自强发展，坐收渔利。结果，英国虽未出现拿破仑那样的战争英雄，却实现了欧洲列强都未能实现的目标。如果英国反其道而行之，疯狂追求霸主的光环，为了把版图扩大到大陆，倾国力争夺疆域，不仅不会有今日之强大，能否维持国家存续都很难说。简单地说，英国正因为放弃了大陆主义而采取海洋主义，才成就了今天的强大。如果在扩张海洋势力的同时，走上征讨大陆扩大版图的道路，未必能建立今日的丰功伟业。"

佐藤指出，日本更应看重英国走向强盛的真正原因。盎格鲁－撒克逊民族不断向世界各地扩张，几乎要一统天下，这绝不是偶然的。能够在无人问津的地方寻求自己的利益，能够将自己的统治扩大到尚未开化的地区，这才是真正的帝王之业。"日本与英国的国情非常相似，英国能做到的，我帝国未必不能做到。当今世人一味憧憬罗马帝国的盛世，鼓吹支持日本效仿欧洲列强张扬国威，采取征服主义、大陆主义，谋求国家强盛。然而，我等必须牢记，罗马帝国最初之兴起并非得益于征服，实际上是因为采取了自强之策；罗马的强盛，恰在于立足于发展本国力量，而不急于追求帝王霸业。如此一来，德业不断积累，基业传承、积累于后世，无须劳苦征战，自然会得帝者之果也。可惜的是，罗马帝国未能真正悟透这一道理，后来反而被野心所驱使，走上了对外征服、追逐霸业之路，结果称霸反而变成了难以实现的梦想。反思当今日本，对外一味追求战争征服的做法也是不祥之举。帝国应当确立的方针是：放弃企图征服大陆之野心，利用良好的天然地理条件，扩张海上实力，走上自强之路；依靠海上力量的强大来谋求国家利益的增长，这应该是永远遵循的原则。"

对于沙俄的海军军备扩张，佐藤认为邻国之所以想扩充海军，根源在于担心日本抱有征服野心，扩充陆军后靠海军输送侵吞大陆。因此，"如果我帝国确有征服野心的话，大力发展陆军尚可理解。若没有此事，扩张陆军就有误导之嫌，使邻国平添恐惧，对我国产生戒备之心。这些事实，使我们感到有统一军备目的的必要。国家发展军备目的仅在于维持和平，增进国家利益，促进国家繁荣，并非肆意张扬威武，欺压和兼并弱小。然而，欲享太平之乐，增进国家利益，促进国家繁荣，则必须先避免列强的觊觎；要避免列强的觊觎，就必须采取自强之策；而要先采取自强之策，就必须先按照自卫原则，确定（战略）目标而后实行之。如果错误地将军备目的定性为征战，就会无休止地扩充各种军备。其他国家对我国的猜忌必然会加深，这实际上是失策之举措"。

完善的军备是护国利器

在《帝国国防论》中，佐藤指出："军备的目的既不是侵略他国，也不是炫耀本国的强盛。通过诉诸武力推动国家利益增长也非军备的应有目的。我国军备的目标应该是防止他国觊觎，维护和平与万世不变的国体，保护国家利益之源，促进国家强盛，成就千载伟业。作为一个主权国家，对于内部臣民之间的纷争，政府可依靠警察力量和司法权力来调停、解决，对于违法祸乱国家的人，只要依据法律实施制裁即可，除非特殊情形，无须使用军事力量。然而，国际纷争却不能像国内那样严格依法裁决。"虽然国际法规定了各国必须平等遵守的义务，但其规则包括了各种学说和国际惯例，没有任何强制执行力。国际谈判的成功也只能建立在各方相互妥协的基础上，倘若各国均能注重德义，崇尚礼让，提出的权益要求适当、适度，也许能得到令人满意的结果。然而，现实的国际谈判绝不可能做到这一点，在很多情况下，谈判往往会因一国提出过分要求，或拒绝本应作出的妥协而陷入僵局，最终陷入诉诸武力解决的境地。当然，在国与国围绕争议问题展开谈判时，国家需要考虑诸多因素，谈判成功与否，不但要看谈判者的外交手腕，还要分析当时的形势以及该外交人员所代表的国家实力。

当谈判者面临针锋相对之势时，首先要考虑各主权国家所拥有的武装力量，即军备实力。若本国的军备足以压制对方，则外交使者为达到维护本国利益、促进本国繁荣之目的，就会迫使对方服从自己的主张，力求在和平状态下结束谈判。相反，若本国的武力不如对方时，即使对方的主张不如己方合理，也只能顺从对方的意见，以免以本国存亡作赌注诉诸武力。当实力严重不足时，无论多高明的外交家，都无法发挥其外交水平。因此，发展军备不仅是为了应对事变，其在外交中的作用也很大。这就是为什么要维护和平，防止战争，增加国家利益，促进国家繁荣，就必须完善军备的理由。如果一国的军事实力能够维护国家利益，促进国家繁荣维护和平，则可谓已经完成军备的根本目的。然而，国家之间的利害冲突、荣辱之争几乎是无法杜绝的，国际和平是难以永远维系的，因此，国家以应对战争为最终任务的军备永远不会停息。

当战争最终来临时，国家的成败就取决于此前能否立足平时充实军备。如果国家在和平时期能根据本国国情，不吝惜军费投入，配备强大的军备，并确保其威力，战时即可迅速击溃敌军，恢复和平，增进国家利益，提高国家荣誉。反之，如果平时军备不整，不能克敌制胜，即使和平得以恢复，也会作为战败者受到荼毒，国力也许永远无法恢复到原来的状态。在欧洲普法战争期间，法德两国从外表来看实力几乎相当，各自对本国的强大都非常自负。然而，法国国内局势动荡，不仅外交上输给了俾斯麦，在战争准备、战争计划上更逊普鲁士一筹，更缺乏冯·毛奇（老毛奇）那样德望、能力俱佳的统帅，结果蒙受了千载难忘的战败屈辱。当然，法国也不乏勇武善战的名将，他们的个人素养都比德国军官优秀，但法国没有能制订完善细致的作战计划，将领之间缺乏团结协调的机制，在战争中各自为战，其结果不言自明。这种作战计划的缺陷和部队之间协调的不足，正是法国军备实力要素不完备的表现，也是决定法德之战胜败的关键。与法国相比，冯·毛奇对法作战计划的制订历经数年，对作战时的每一个细节均有准备和对策，可以说德法之间在战争尚未开始时就已分出胜负。因此，战争计划、统帅机制是军备发展问题上非常值得体味、研究的一大要素，如果忽视了这些必须注意的问题而盲目追求军备扩张，必将劳而无功，最终招致失败。

强大的海军胜过百万铁甲之师

佐藤认为，国家为维护国民安宁和幸福，增进国家利益，促进国家繁荣，必须着眼于平时不断完善军备。同时他还强调，军备的内容很重要，抓住良机、及时动用军备也很重要。

为证明自己的观点，佐藤对欧洲大陆国家法国与岛国英国之间的陆海博弈进行了细致的剖析。《帝国国防论》指出，法国国王路易十四拥有雄才大略，欲称霸大陆，统一西欧。他还以推翻威廉三世，辅佐詹姆斯二世恢复王位之名，伺机派大军侵略英国。1690年，路易十四趁爱尔兰人民独立建国之机，率大军讨伐英国。开战之初，法国海军一度控制了制海权，护送詹姆斯二世顺利登上爱尔兰岛，但不久即被英军驱逐回法国，路易十四的计划落空。两年后，路易十四不甘心失败，再次秣马厉兵，集结3万名士兵于诺曼底港口，实施其雄大的远征计划。然而，法国大军尚未出港，其担任护航任务的舰队就在诺曼底东海岸的拉何格海战中被英荷联合舰队所败，完全失去了掩护、输送陆军渡海登陆的能力——失去了海军的法国虽有强大的陆军，却如同没有火药的炮弹，失去了威胁英国的能力。路易十四虽废寝忘食、绞尽脑汁，最终仍计无所出，不得不放弃了侵略英国的计划。

此后，英国的军备以加强制海力量为重点迅速发展，反而能够对法采取攻势。结果，法国沿岸各地均受到攻击，重要港口城市圣马洛的城墙被攻破，滨海城市开普被烧毁，卡莱等很多城市都弹痕累累。即使如此，法国国王仍然无法抑制自己的野心，于1695年决定第三次远征，将其陆军集结于敦克尔刻和卡莱，准备急渡不足20余海里的英吉利海峡。但是，英国政府提前获知了法国的侵略动向，下令将舰队集结于海峡，随时准备向对面的法国海岸发起攻击。法国国王得到关于英军已有准备的急报后，最终醒悟到梦想已无法实现，忍痛下达停止陆军上船的命令，放弃了进攻计划。

此后，法国在与英国的较量中屡屡陷入被动，其海岸饱受英国舰队的侵掠，其北岸的格兰韦尔、加莱屡次受到攻击，城市街道被破坏，沿岸城镇遭到焚毁，近岸岛屿反复被掠夺，大部分港口都受到炮弹的蹂躏。最终，为避免遭受无穷无尽的袭扰折磨，法国国王只好于1697年缔结了《里斯维克和约》，承认英国舰队在地中海的自由行动，彻底放弃对英国的征服——没有将陆军输送至英国海岸的能力，致使法国国王空有雄心壮志，不得不将多年夙愿弃置。在这次英法较量中，英国并未以铁甲之师防御敌人陆军的炮弹，而是凭借强大的海军，在敌人未发出一枪一弹的情况下取得了胜利。可以说，海军是当时英国的护国利剑。

佐藤指出，在英吉利海峡，欧洲大陆常有百万铁甲之师隔海窥伺，而英国以区区十万陆军却能对抗来自大陆的压力而未受战败之辱，主要原因在于国家的军备比较完善，能够随机应变及时遏制来寇。相反，大陆各国虽然拥有强大的陆军，却缺少能够充分发挥其陆军军力的要素——强大的海军。换言之，英国建设了强悍的舰队，对大陆国家实施海上遏制，并作好了给来敌以强有力打击的充分准备，而大陆各国却没有一支能够打败英国海军的海上力量，只能以百万雄师隔海相望其七八万寡兵而无计可施。因此，欧洲大陆国家不能打败英国，绝对不能怪罪其陆军，只能自责其军备要素不完善。当时的大陆国家如果具备较强的海上运输能力和护航能力，再辅之以巧妙的策略，还是有可能以其陆军之长攻英军之短而大获全胜的。

另外，佐藤还认为，完善军备最重要的是发展拥有战时可把握良机、灵活运用的装备。采取攻势时，则必先充实重要的陆、海军装备，并把握良机加以灵活利用，才可取得胜利。采取守势时，则未必一定要具备能够与敌陆上兵力相抗衡的实力，只要能使敌军无法将兵力输送至本国国土即可。详细考察英国与欧洲大陆国家之间的战争历史，就会发现大陆诸国在把握用兵时机上往往存在问题，而且在每每错过用兵良机后又不能深刻反省。换言之，像日本这样的岛国，如果采取攻势需要向海外输送陆军时，则必须先拥有足以击溃敌国海军的舰队，然后陆军才能安全抵达海外发挥威力；如果日本采取守势就不需要发展能够与敌国相抗衡的陆军，只要拥有能够击破敌国输送、掩护陆军的海上兵力就足够了。他还结合日本的情况提出了以下假设："倘若欧洲列强联合百万大军，在我对岸伺机进攻，如果其海军没有掩护、输送陆军抵达我沿岸的军备，则完全没有必要惧怕。比方说，一颗榴弹的杀伤力足以将一栋大厦变为齑粉，确实令人惧怕。然而，榴弹的可畏之处并不在于体积大小，而在于来袭时对我军的破坏力。倘若没有相应的发射装置，则榴弹就没有发挥其潜在破坏力的途径，作战价值与瓦砾没有什么区别。因此，即使有强国以百万之众逼近日本，只要我海军力量强大，能够随时监视敌军，有能力阻止掩护输送大军，则我国民仍可以高枕无忧。"一言以蔽之："若要在海外使用我陆军，则必先拥有能够控制海洋的海军；为防范敌国侵犯我国土，则必先控制海洋，使敌无法在海上运送兵力。这才是我国军备发展和建设需要特别留意的地方。"

军备要舍得投入

佐藤绝不是一位和平主义者，更不会反对军备。相反，他认为，从国家的立场来看，军备不可或缺，其根本目的在于增进国家利益，确保国家安全。对于军队必须配备的、必须增设的装备，即使要耗费巨资，只要国力允许，也必须开支。德意志的兴国，是因为普鲁士国王采纳俾斯麦、蒙尔特凯、罗恩等贤臣的良策，对内加强陆军建设，对外采取强硬外交政策，果断裁减不必要开支。虽然在当时民众因民生受到影响而议论纷纷，普鲁士国王仍坚持自己的方针不动摇，最终得以压制强邻，成就欧洲大陆的霸业。不过，他也明确指出，如果军费开支过于庞大，就会在不知不觉中削弱国力，使国家陷入困境。国家经济发展的要诀在于开源节流，军备预算必须从其根本目的出发详审细察，注意节约开支，慎重投入，将经费用在本不急于解决的问题上就是浪费国力。

对于上述观点，佐藤进一步展开了论述。首先，因"石勒苏益格－荷尔斯泰因"地区的归属问题，普鲁士和丹麦开战。在 19 世纪上半叶，石勒苏益格与荷尔斯泰因是两个公国，都由丹麦国王统治，其中荷尔斯泰因同时又是德意志联邦的成员。1860 年，丹麦和普鲁士因上述两个公国的归属问题发生争执，继而爆发了战争。当时，丹麦海军拥有中型以上军舰 20 余艘，其威力足以控制北海。反之，普鲁士仅有 7 艘战舰，不具备在海上争夺胜负的能力。所以，丹麦海军经常控制着海上交通，但其陆军却势力弱小且分散部署于各地；普鲁士陆军则因实力强大，部署集中而占据优势。面对丹麦海军的进攻，普鲁士陆军顽强抵抗，尽管汉堡等港口城市的通商受到了很大影响，仍将波罗的海和北海的普鲁士港口严密封锁。结果，丹麦的海上进攻并没有奏效，普鲁士取得了陆地战争的胜利，最终确保了国家安全，恢复了和平。自此以后，很多普鲁士人认识到了海军的重要性，主张扩建海军。但是，普鲁士国王的目的在于统一德意志联邦，建立德意志帝国。他认为因一时之急，将国力分散于海军是不利之举，所以并不因丹麦海军的袭扰而改变初衷，反而更加倾力于陆军和外交问题，并将外交托付于俾斯麦，将陆军建设交由冯·毛奇和冯·罗恩负责。他们以锐意进取的精神辅佐国王，为排除政治阻力，不断扩大陆军，先后六次断然解散议会，最终打败了奥地利和法国，得以执德意志联邦之牛耳，完成了建立德意志帝国的大业。试想，如果当时普鲁士国王仅应一时之急，军备发展上在陆军与海军之间搞平衡，必然不能建设如此强大的陆军，压制强邻成就伟业更不知要等到什么时候。

佐藤还指出，一些人仅仅从欧洲七十年战争中看到，当法国通过海路偷偷运输枪炮弹药时，德国却没有能力遏制暗中支持法国的英国舰船，就认为普鲁士国王消极面对敌方海军势力是错误的，这种观点是只知其一不知其二。国家要大有作为，军备就必须像普鲁士那样做到方针明确、简单、直接。正如普鲁士首相在 1886 年 1 月 28 日的演说中所言："我能做的就是建设强大的陆军。换言之，各位只要倾注你们的全力，以铁和血来为普鲁士的兴盛作出贡献，支持国王完成各位所期望的事业。我们只有用铁和血，而不是演说、祭祀和诗歌来实现我们的理想。"这些言论虽有些极端，然而这样的做法确实打下了普鲁士国王的帝国根基，并最终完成了统一德国的大业。相反，看看荷兰衰败的历史，其原因一目了然。1648 年，荷兰脱离西班牙的统治宣布独立后，立刻开始各项事业的发展，其商船驶向世界各地，完全掌握了欧洲的海上贸易，年运输货物总额超过了 10 亿法郎。荷兰的版图因此极度扩大，东至印度尼西亚，西至印度，还在澳大利亚、美洲、非洲等地建立了空前辽阔的殖民地，把世界各地的财富源源不断运回本土，把包含巨额利润的商品倾销给欧洲各国。在当时，世人说起荷兰人，总以"海上马车夫"喻之，荷兰联邦汇集了全球物产，整个国家变成了一个财富充盈的大仓库。然而，这个国家在经过养精蓄锐实现了国家富强之后，国民却逐渐忘记了国家成功发展的根由，对邻国军事力量的发展毫不关心，吝啬于财富而惰于军备，不愿意将钱花到保护和平与海外贸易上。结果，当邻国举兵发难时，荷兰屡战屡败，哪怕只是想控制领海也不可得，国民饱受战败之苦，国力因此衰退，国运无法挽回，最终成为濒临灭亡的国家。

在佐藤的眼里，荷兰被英国打败的主要原因是执政者非常愚蠢，忽视海军军备的建设和运用。他指出，回想英荷战争初起时，荷兰海军并不弱小，曾一度拥有欧洲第一大舰队，出现过勒伊特尔等很多名将，其海军官兵之骁勇连对手都不得不承认。然而，不幸的是掌握该国国政的是一些富豪商人，他们趋利避害的本性使得国家一步步病入膏肓而无法挽救。他们不懂得发展海军的意义，也不懂得怎样运用海军，而是被眼前的蝇头小利所驱使，只愿意保持羸弱的小舰队以护送商船队，以为将任务交给几个勇猛的将领就万事大吉。当时荷兰国内两大政党相互龃龉无法妥协，一个称为共和党，一心与英国保持合作来抗衡大陆各国；一个称为保王党，仰仗橙色家族，欲拥戴其恢复王政。两党相互对立，一个主张建立强大的陆军，一个坚持应建立强大的海军，使政府无法制定统一的国家路线。这种政治内讧使得荷兰海军发展非常艰难。

与备受内政折磨的荷兰海军相比，英国海军要幸运得多，军备发展基本做到了持之以恒。当时，英国洞察到荷兰内政分歧、财政窘迫等问题，抓住机会大力扩张海军，打造出坚固、巨大的军舰，耗巨资为战舰配备了上百门大炮。英王查尔斯一世虽然是海军扩张的第一个倡导者，但其本人却不幸地在内政混乱时被处死。此后，民政党掌握了政权，但英国建设强大海军的路线却未因此有丝毫改变，因为朝野都领悟到了：为政者即使再意气风发，若不建设强大的海军也无法从根本上实现国运昌盛。于是，在举国推动下，英国更加注重新型舰船的建造，投巨资购置海军装备。为加强与荷兰的海上竞争，英国克伦威尔政府还于1651年颁布《航海条例》，在渔业谈判中压制荷兰。英国咄咄逼人的海洋扩张激怒了荷兰人，英荷外交与军事冲突不断加剧，最终到了相互宣战的地步。

英国政府颁布《航海条例》的目的就是打破荷兰对海上运输业的垄断。该条例规定："非洲、亚洲、美洲产出的物品，若不属英国及其殖民地的船只，一律不得将其物品输入英国。欧洲出产的物品及产品，若非英国及其产出国的船舶，一律不得通过英国港湾。但地中海东部各国、东印度、西班牙及葡萄牙的商品，可进入规定的贸易港。如果违反此条例则没收其船只和物品，其中半数归英政府所有，另半数归告发者所有。"佐藤认为，如果翻看英国历史，可以看出此条例的颁布既不是要激怒荷兰人，也不是为了挑起事端。当时，英国的航海业非常弱小，海上通商利益几乎全部由荷兰人垄断，英国海运业几乎没有任何发展空间。英国要追求国富民强，就必须打破荷兰对海洋的垄断。英国人的这种经历告诉后起国家：控制海洋的国家必然会控制海上贸易，控制世界海上贸易的国家必然会控制世界财富，若能控制世界的财富，则必能控制整个世界。

不同的战略，不同的结局

"海权"二字从广义上解释，可理解为包括国家在海上的所有领域的权力。应当如何理解并拥有广义上的海权呢？佐藤认为答案就如英国军人、探险家萨·沃特·劳莱对后人的明示：制海权是国家富强的基础。之所以如此作答，主要是因为佐藤敏锐地发现了英国与荷兰在海洋竞争中战略思路的重大差异。他指出，荷兰人一直认为海军护航是保障其商船在海上安全行驶的唯一方法，英国人却坚信，与其直接保护船舶不如掌握制海权，使其船舶能够自由、安全地在其权力范围内航行。为此，英国一方面力求打造一支在海上战之能胜的海军，积极发展能够夺控海洋权益的实力；另一方面采取各种方法，压制敌方对海洋的军事和商业控制，促进本国航海业的自然发展。总之，英国人坚信只要掌握了海洋的控制权，其商船航行的自由度会更大，而且更加安全。简而言之，荷兰是为保护其商船而建设海军，而英国人则是为掌握海洋控制权、建立海上商业势力范围而建设海军；荷兰海军尾随于商船之后，而英国海军则为商船之先导。结果，虽然都是为了国家繁荣，荷兰的航海业走向了衰落，而英国的海运却强大起来——两国保护海上事业的精神确实都难能可贵，但结果却如此悬殊。对此，佐藤感慨道："欲管制世界，则必先管制世界之财富；欲管制世界之财富，则必先管制世界之贸易；欲管制世界之贸易，则必先独霸世界之海洋；欲独霸世界之海洋，则必先保证在世界海洋之纷争中取胜；欲在海上纷争中取胜，则必先建设强大海军。"

如前所述，《航海条例》的颁布是英荷两国纠纷的主要原因，争夺渔业权和维护国旗名誉又激化了双方的矛盾，终于演变成第一次英荷战争。可是，由于国情、军情不同，两国应对战争的思路和方法差别很大——荷兰当权者只顾追逐通商利益，在与英国的较量中一味敷衍、姑息对手，甚至没有积极采取措施夺控对英国有战略意义的英吉利海峡；荷兰的军舰要为本国奔波于各海洋的商船护航而失去了行动自由，即使出于无奈而必须出动其海军时，其目的也不是为了夺取制海权；荷兰海军的战斗力实在无法与英国相比，为了避开英国舰队的视线，只能从苏格兰北方迂回，没有一支舰队能够堂堂正正地保护其海运。总体而言，"荷兰海军虽然舰船数量不少于英国舰队，但舰艇装备的优劣相差悬殊，而且多数军舰都因伴随护航而失去行动自由，根本没有与英国海军一决高下的能力，最终只能以悲惨的命运结束战争"。

佐藤甚至认为，荷兰海军虽然以保护商船为要，但就是这个任务也未能完成。1653年，英国海军以115艘舰船，与拥有104艘舰船的荷兰舰队展开较量，结果以很小的代价给对手以重创，从此控制了英吉利海峡和北海的控制权，荷兰舰队统帅特罗普战死于斯赫维宁海域。贸易所得税和渔业一向是荷兰国家财富的主要来源。然而，由于英国舰队开战后封锁荷兰达一年多，使荷兰长期积累的政治、军事、经济弊病开始显露，政府财力枯竭，大批工厂倒闭，经济被摧垮，停泊于港口的商船不能出航，船帆如林覆盖了整个海面，首都阿姆斯特丹街道杂草丛生，乞讨者满街游动，将近1500所房屋无人居住。民穷财尽的窘境迫使荷兰为保存社稷不得不求和，于1654年4月同英国签订《威斯敏斯特和约》，从此失去了海洋霸主地位，国运开始走向了衰落。

就在荷兰的命运江河日下时，英国制海权更加强大了。根据1654年签订的条约，荷兰人被迫承诺禁止将王族列入议会和政府，承认《航海条例》，赔偿英国军费，将英吉利海峡的管辖权交给了英国，并承诺在该海域向航行的英国军舰行降旗礼。战后，荷兰总结了第一次英荷战争的失败教训，其著名大臣德·维特锐意发展海军，并于1665年2月再次向英国开战，发动了第二次英荷战争。通过上次战败，荷兰人认识到要同时完成保护商船和夺取制海权两项任务是不可能的，于是在战端开启后干脆完全停止海外贸易，让舰队保持活动自由，专心从事制海权争夺，寻求与英国舰队决战。其勇将德·奈特灵活指挥舰队，取得了战争胜利，暂时从英国手中夺回了制海权。但是，荷兰人过分相信了这次胜利的作用。很快，英国凭借强大的工业实力迅速修复了舰船，不久恢复了实力的舰队重新出战并取得了胜利，荷兰海军好不容易得到的制海权再度易手。

然而，牢记战败教训的荷兰人没有轻易屈服，精通战略与谋略的德·维特一方面在国内誓死压倒众议，坚持扩充海军；另一方面在外交上极力向对手示好，使英国人相信荷兰缔结和平条约的诚意。而此时的英国可谓祸不单行，一方面在这场战争中杀敌一万也自损八千，国家财力十分紧张；另一方面，1664年至1665年全国范围内流行的黑死病（鼠疫）可谓雪上加霜，仅伦敦就有四分之一的人口死于这场灾难。1666年9月，一场罕见的大火又降临到伦敦，连续烧了四天四夜，伦敦城三分之二毁于火灾，经济损失达1000万英镑，超过了两次英荷战争的战费。天灾与战争使英国陷入了经济恐慌，暴乱四起，国力严重衰退，财税十分困难。在极度困境下，英国政府忘记了维持海上实力的必要性，开始大幅削减海军经费，国防方针转而采取守势，放弃了全国性防御而以局部防御为主，在相当于日本横须贺军港的希尔内斯港口建筑要塞，在朴次茅斯军港采取防御态势，在梅德维河沿岸（**西子斯和查塔姆军港都在此河沿岸**）修建防御工程。

英国海军的懈怠给荷兰人以可乘之机。1667 年 6 月，荷兰将领德·奈特率领舰队出现在泰晤士河上，部分兵力逆流而上攻陷希尔内斯，直接威胁伦敦。英海军舰队位于河岸的舰艇或被烧毁或被掠夺，失去了反制能力。此后，德·奈特又封锁泰晤士河口长达数月，甚至将英国海军上将蒙克的旗舰"皇家查理"号拖回本国，令一直遨游于海上的英国蒙受了巨大的耻辱。天灾人祸和荷兰海军的封锁使英国经济陷入前所未有的困境。为了建设对付荷兰海军的军力，英国不得不临时筹集战费。当时英国的财政惯例是，当国家为筹措临时费用、发放国债时，国王必须亲自光临伦敦集会（**银行职员绅士和市民组成的集会**）募集，承诺抵消国债购买者相应部分的税收，并陈述偿还办法。这样，虽然政府得到了急需的资金，可伦敦几大银行家都因此陷入困境，导致通货紧缩，各商社因资金链断裂相继倒闭，进而导致政府税收大幅减少，最终财政因收入不足以偿还国债而信用受损。英国人面对无力破解的海上封锁，只好含怨忍辱，于 1667 年 7 月与荷兰签订了《布雷达和约》，勉强恢复了和平。

如前所述，英国虽然曾斥巨资建设海军，并赢得了第一次英荷战争的胜利，但在 1665 年财政因黑死病肆虐、第二次英荷战争爆发而陷入困境时，却未能在发展海军方面持之以恒。英国政府财务委员康特利提出削减海军军备，解散现役舰队，编成两个较小的舰队，一个用来妨碍敌国通商，一个用来负责海上巡逻。对此，海军元帅约克极力反对，认为这不仅将使英国丧失既得的制海权，还会威胁到英国领土的安全，无异于诱惑荷兰人来袭，任由沿海地区受到劫掠。然而，首相苦于财政困窘，坚持主张削减海军支出。在上一次战争中博得美名的陆军出身的海军将领阿尔贝尔虽然赞同元帅约克的观点，但从财政困境和将要与荷兰缔结和约这两点出发，最后同意了首相的看法。英国国防方针受挫，约克元帅的话终于应验，屈辱的合约在英国历史上留下了沉重的一笔。

在著作中，佐藤指出第二次英荷战争之所以与上次结果迥异，原因在于，当英国人碍于财政困难暂时忽视制海权时，荷兰人却从第一次英荷战争的失败中如大梦初醒，恍惚间意识到夺取制海权比直接为商船护航更重要，在经济陷入困境的情况下，仍决心发展必要的军备，恢复海上力量。此时，对荷兰人来说，英国人受制于财政困境，改变了长期坚持的海军为大的方针，忽视具有生死存亡意义的海军军备，无疑是天赐良机。不过，即使如此，经历了第一次英荷战争失败的荷兰人，再也无法拥有根除英国舰队的能力，也无法彻底扭转国运衰退的大趋势。此后，荷兰的海运事业仍不断萎缩，海外殖民地也相继落入英国人手中，最终也没能够实现中兴。英国在克伦威尔去世后，虽然政局因恢复了王政未再次发生剧变，但国人再也没有忘记希尔内斯之败，他们终于意识到海军建设不仅关系到国防和通商安全，还决定着帝国的生死存亡，决心无论财政多么困难都必须不断加强军备建设。在此思想指导下，英国最终压倒了强邻，实现了国家的繁盛。

佐藤认为，普鲁士人的兴起和荷兰人的衰亡都说明了同一个道理，即重视军备发展则国家富强可望，吝惜军备投入则国家衰亡可期。当然，佐藤也进一步指出，国家富强或衰败未必就是缘于军备扩充。普鲁士的成功之处在于建设军备时避免了不必要的投入，荷兰的败笔则是应当加强军备时却无视其迫切性。普鲁士国王锐意扩建陆军而奠定了立国之基，英国倾力建造大型舰船而从荷兰人手中夺得了制海权。因此，国家贫富其实与其军备耗费的多少关联不大，关键要看国家是否能够正确掌握军费投入和军备建设的轻重缓急——投入应当投入的，建设应当建设的，而不用担心国家财政的一时消长，这才是正确的做法。佐藤还指出，军备发展必须先确定方针，然后统一国内，齐心协力，坚决落实；如果将一个目标分给两个或三个行政部门实施，他们必然从部门利益出发，只顾要求扩充自己管辖的部队，其结果必然破坏军备方针对轻重缓急的规定，不仅可能与军备的初衷背道而驰，而且会耗尽国力。这是必须认真考虑的问题。

为印证上述观点，佐藤在著作中又不厌其烦地举出迦太基的衰亡与罗马的兴起作为例证。古罗马在兴起时就面临着地中海的控制权问题。公元前3世纪，迦太基是位于今天非洲北海岸突尼斯地区的一个海洋强国。该国拥有强大的海军，不仅控制着地中海，而且将殖民地延伸到非洲西海岸，连英国的一部分领地都在其控制范围内，并禁止其他国家与非洲北岸地区开展贸易活动。罗马与地中海南岸的迦太基隔海相望，拥有强大的陆军，但海军很弱，其船舶被迦太基控制在赫尔米尤母（今波恩角）以西航行，与撒丁岛的通商也受到阻隔，在地中海上几乎看不到罗马的国旗。当时，罗马拥有20余万陆军，并拥有40余万预备役军队，几乎席卷了整个意大利。可由于他们将全部国力都用在了陆战上，造成了海上力量薄弱、处处受制于人的局面。当时迦太基国富民强，气势威猛，压制着周围的小国，地中海沿岸各国均看其脸色行事。罗马人虽然征服了整个意大利，唯有海上势力不能满足扩张需要，面对迦太基仍不得不忍气吞声。这种情况是不断走向强盛的罗马帝国不能容忍的，他们决定从迦太基手中夺回海洋霸权，控制地中海。迦太基人看到原本不值一觑的赢弱小国竟然征服了整个意大利，也非常震惊，立刻提高警惕，并想尽一切办法加以阻挠，阻碍罗马的利益扩张。

于是，罗马和迦太基的关系日渐紧张，表面上看起来好像双方都有修好之意，背地里却相互为敌，积极备战，最终发生了第一次布匿战争（前264—前241）。这场战争的起因是两国对西西里岛的争夺。此时，罗马人已征服整个意大利，胜利带来的兴奋使他们将目光投向了西西里岛，并决意吞并整个岛屿。与此同时，迦太基人也看到，如果要永远遏制住罗马的扩张，保护本国在地中海的利益，就必须独占西西里岛，并掌握其东西海岸的封锁权。前264年，罗马人无端挑起战火，并在米莱战役、埃克诺玛斯岬海战（*此次海战是有史以来最大的海战，两国战舰数量达到了700余艘，兵力达到了30万人*）中取得了胜利，摧毁了迦太基海军的绝对优势。此后，为彻底打赢战争，罗马决定组建庞大的舰队，长驱直入，侵略非洲迦太基本土，威胁其首都。但是，迦太基临阵换将，雇用了来自斯巴达的将军桑西巴斯整顿军队，在突尼斯击败罗马军队，摧毁了罗马舰队并生擒其主帅。前255年至前253年，罗马海军接连遭遇飓风袭击，几乎全军覆没，暂时失去了制海权优势。

上述失败使罗马政府的锐气受到重挫，几乎失去了与迦太基人争夺海上霸权的信心。但是，罗马市民对政府的懈怠大为不满，他们自发投入财力，前后进行五次重建舰队（一说是罗马政府苦于没有扩建海军所必需的经费支出，于是发起国债建造了200艘战舰，据说这种战舰能容纳420人以上），并积极寻求与迦太基决战。就在罗马军民秣马厉兵时，迦太基人却一时放松了警惕，对罗马人拼命扩建海军未给予重视。其当局者竟然贪图安逸，追求眼前小利，认为修建攻防设施实在太费精力，不知道警惕志在掌控制海权的罗马人，反对积极扩建海军，最终在埃加迪群岛附近的海战中尝到了苦果，舰队因损失大半再也没有机会恢复。为了避免亡国，迦太基只能忍辱求和，不仅赔偿了巨额战费，而且将西西里岛以及地中海中靠近意大利的岛屿悉数让给罗马。

　　佐藤认为，第一次布匿战争的结果对于后人确定军备方针等问题有很大启发，有很多方面值得借鉴。他列举了以下几个比较明显的问题：

　　（1）罗马人意识到，如果没有强大的海军，就无法对抗迦太基人，无法维护本国的发展。

　　（2）罗马人民在失败中不气馁，连续五次不断重建海军。

　　（3）迦太基人取得胜利后，受制于国家财力的匮乏，疏忽了海军的建设，最终导致失败。

（4）罗马人在取得制海权后，将其陆军开向敌国导致战败。

（5）两国争夺的西西里岛在海战后实际上归入罗马的版图，极大影响了两国的地缘态势。

（6）战役的最终结局由海战来决定，海军的胜败往往左右两国军队整体对决的胜负。

佐藤认为，英荷两国的盛衰与罗迦两国的兴亡虽然处于不同时代，但迦荷两国的衰亡都是由于两国政府迫于财政困难而轻视了生死攸关的制海权问题，在不知不觉中埋没了国家百年大计。与罗马和英国的强盛进行比较，迦荷两国失败的原因、道理非常明了。罗马的兴起不是源自取得了陆战的胜利，而是因为在第二次、第三次布匿战争中取胜。世人大多知道罗马建国的丰功伟绩，却很少知道这些都源自其击溃了迦太基人的制海权。而罗马之所以能够夺取制海权，根本原因是其创建了海军，并以不屈不挠的精神反复重建海军，最终在海上彻底打败了迦太基人。总之，迦太基人没有扩建海军就如同荷兰人没有建造坚实的舰船一样，都是落败于对手的根本原因。或许，很多人在最初研究历史时，都会感到迦荷两国当时那样做也是迫不得已。然而，当迦太基人生活在困窘之中时，罗马人的生活更加困窘；当荷兰人在困苦中煎熬时，英国人其实更加辛苦。一方忍受住痛苦不断扩充军备，另一方贪图一时之安逸，丰功伟绩与千古遗憾因此铸就。佐藤认为人们对这些历史应该进行深刻的反省。

佐藤在《帝国国防论》中主张完善军备必先观察内外形势，再根据形势一张一弛，随势得宜而行。但是，军备并不能直接增加国家财富，因此很多人会只顾眼前利益而反对军备投入。此时，政府如果以经济生产不振为由，忽视国防建设这一百年大计，并对军备建设掉以轻心，则必然会重蹈迦太基和荷兰两国的覆辙。他指出，国防与很多因素息息相关，如果在开战之时就没有倾注全力，或者举国上下都不关心此事，则政府很难独自面对和解决国防问题。如果因为看到这项事业非常艰难而要躲避它，并进而自找借口认为这是不能做到的，在必须解决的问题上吝惜经费支出，一旦发生武力冲突，就不能保证不会给后世留下遗憾。

确定军备水平时需要调查的事项

佐藤指出，军备关系国家生死存亡，不可或缺；军备虽然具有维护国家安全稳定，辅助国家经济发展的功能，但它并不能直接增进国民的利益，所以正确的做法是尽量节约军费开支，推进生产事业进步。不过，在军备开支问题上，佐藤更注重的是节约，而绝不是减少。他认为国家的经济得失与是否吝惜军费开支没有直接关系，应当力求以最少的经费开支获取最大效力的军备。他在《帝国国防论》中提出："我们始终要坚持追求，既能迅速达成军备目标，又能实现经济的良性发展……不过，需要强调的是，一旦军备目标确定，就绝对不要受到外界诱惑而轻易改变自己的路线，而应齐心协力去付诸实施。对于妨碍本国达成军备目标的外部压力，无论多大也绝对要坚持初衷，排除其干扰。普鲁士国王正因为能够如此，其扩建陆军的丰功伟绩才得以千古垂范。"

为了证明自己的观点，佐藤列举了著名战争学家波兰人伊凡·布洛克的一段论述。伊凡·布洛克在其名著《未来的战争》一书中论述俄国为何不需要建立强大海军时指出："控制海洋绝非一句空话。英国人为保护本国和殖民地而控制海洋，有为此投入国家财力的充分理由，无论从何角度出发都必须拥有强大的海军。然而，英国的情况并不一定适用于所有国家。英国绝对没有必要依赖其陆军，控制了海洋，海岛国家就可以使国民高枕无忧。这就是他们为了增加其舰队实力而敢于放弃其他军备的原因。而俄国的情况完全不同，海军并非保护俄国安全所必需，俄国所面对的巨大打击都来自大陆。所以，海军对俄国来说只不过是辅助机构。"

对于布洛克的上述观点，佐藤的理解是，俄国之所以不能将海军作为国防根本，是因为国家为此投入巨大财力在费效选择上显然是不明智的，这种从国情出发、因地制宜的军备主张值得日本仔细研究。国防问题的长久之计是慎重对待军费投入的方向，一旦方向确定就不能吝惜支出。在军费开支方面，既要保持适量，又要能摆脱财政难易的困扰，迅速推进军备建设。佐藤在研究迦太基和荷兰的衰亡历史中还发现，正是因为他们过分忧虑国家财富的减少，导致军备衰退，才留下了百年遗憾；而罗马和英国宁可牺牲国家一时的经济增长，也必须完成军备建设，从而成就了国家的兴盛大业。不过，佐藤也提醒："若肆意扩张军备而伤及国家之根本，却浑然不知，最终会酿成无法挽回之苦难，这也是绝对要警惕戒备的。"

财力与军备

佐藤认为，一个国家的财力包括两种，一种能够用数字表达，而另一种则不能。如果单单看财政状况的数字就下断言，无疑会失于轻率。在调查国家财力和军备的关系时，最简单和切合实际的方法是，对比岁计（**国家财政年度收支的总称**）和军备支出。而且，如果从岁计中扣除与国家经济事业发展无直接关系的国债及其利息偿付的金额，将其余额与军备支出对照，则能够得到更确切的结果。佐藤对欧美各国的情况进行对比分析后发现，一个国家军费所占比例除去偿付国债及其利息，大约占岁计金额的 30% 至 40%（除日本外，平均 37%）。但是日本是新发展起来的国家，必须要顾及周边环境加强军事力量，所以军备费用占岁计比例较高也是在所难免的。而且，佐藤还认为从岁计的多少推算国家财力，不如依据国家贸易额推定更为合理。因此，要想知道军备与国家财力的关系，需要将进出口额、海运盛衰与军备费用支出一起进行比较。佐藤对英国、法国、德国、俄国、美国及日本各国的国债金额、进出口与军备费用比较等进行了详细对比，并通过以下两个表格进行了总结。

各国进出口与军备费用比较

国名	进出口合计	海陆军军备费用	通商贸易额与军费额的比较	记事
英国	870584718 英镑	119136000	1/8 强	1901 年度军费包含特别费用
法国	20316700000 法郎	1028797901	1/20 强	1900 年度军费包含特别费用
德国	10795593000 马克	639524000	1/16 弱	1900 年度军费不包含特别费用
俄国	1261048000 卢布	420957521	1/3 弱	1900 年度军费不包含特别费用
意大利	3062279818 里拉	383195148	1/8 弱	1900 年度军费包含特别费用
美国	2283634971 美元	148000000	1/15 弱	1901 年度军费包含特别费用
日本	547064080 日元	58162498	1/9 弱	1900 年度军费不包含特别费用

所有汽船帆船和军舰吨数比较表

国名	汽船的吨数	帆船的吨数	合计吨数	军舰的吨数	商船与军舰的吨数比
英国（1900 年调查）	7207610	2096498	9304108	1554482	约 6
法国（1900 年调查）	507120	450636	957756	602111	约 1.6
德国（1901 年调查）	1347875	593770	1941645	337180	约 5.7
俄国（1900 年调查）	334875	266418	601293	394163	约 1.5
美国（1901 年调查）	2920953	2096498	5017451	235416	约 21.4
日本（1900 年调查）	510007	286923	796930	219012	约 3.7

本国船舶进行的海运与海军的比较

国名	出港船舶吨数	入港船舶吨数	合计吨数	军舰的吨数	出入港船舶与军舰的吨数比
英国（1900 年调查）	31266000	31445000	62711000	1554482	约 40
法国（1899 年调查）	5169449	4925265	10094714	602111	约 16
德国（1899 年调查）	10308757	10254464	20563221	337180	约 61
俄国（1900 年调查）	721000	732000	1453000	394163	约 3.7
美国（1901 年调查）	6417347	6381305	12798552	259794	约 48
日本（1900 年调查）	3429460	3436531	6865991	219012	约 31

备注：英法美以及日本不包括海岸航海线（日本还不包括在台湾的航海），德国包括海岸航海停靠各个港口的船舶。

上面两个表格中所列举的军舰吨数，不包括符合下列条件的舰船：（1）1881年前下水的旧舰艇；（2）速度在15节以下的装甲巡洋舰；（3）速度在18节以下的一等巡洋舰；（4）速度在16节以下的二等、三等巡洋舰；（5）速度在17节以下的快速炮艇；（6）200吨以下的鱼雷艇；（7）小型炮舰和杂船。

各国人均负担军费比较表

国家	总人口（年份）	人均军费	人均进出口额	人均军费与进出口额之比
英国	41544145（1901年）	约2.9镑	约21镑	约1/7 包括特别费用
法国	38595500（1901年）	27法郎	534法郎	约1/20 包括特别费用
德国	56367178（1900年）	11马克	193马克	约1/16 不包括特别费用
俄国	12900000（1900年）	3.2卢布	9.8卢布	约1/3 包括特别费用
美国	76303387（1900年）	1.9美元	30美元	约1/16 包括特别费用
日本	46453249（1898年）	1日元25钱	11日元90钱	约1/9 不包括特别费用

佐藤认为从以上表格可看出，日本的军备负担非常小，军费投入增速应当比一般国家更大。从人均军费负担与人均进出口金额的比例看，俄国的军备投入几乎是日本的三倍。从海运船只与海军舰船吨数的比例来看，日本与其他国家的差距也很悬殊。从出入港商船吨数与军舰吨数的比例看，

法国是 1.6，俄国是 1.5，日本则为 3.7。从出入港船舶和海军舰船吨数比来看，法国为 16，俄国为 3.7，日本则为 31。所以，如果以法国为例，日本必须将海军扩建至现在的两倍；如果以俄国为例，日本则必须将海军扩建至现在的三倍。

佐藤同时指出："对超过了国家生存所需的军备，当然不能罔顾国力无限制投入。军备扩张若远远超出自卫需求而服从于侵略需要，就是走上亡国道路之始。也许有人认为这是为了国家兴盛，但实际上这种超出自卫需求的强大军备不过是国家强盛的一时幻象。亡国的根本原因在于自骄、奢侈、道德败坏，国家若穷兵黩武，会在幻境中不知不觉催生恶德恶业的膨胀，加速走向灭亡。当然，在历史上不少国家为实现建国之初的宏图大志而全力扩张武备时，出发点未必仅仅是出于自卫。罗马五次重建海军，自强不息，最终击败了迦太基人，虽然其军备主要是应对时艰，但多少还是超过了自卫需要。从近代的例子看，普鲁士扩建陆军也不外乎为了实现其积极（扩张）的梦想，并非一定是为了自强自卫。不管怎样，某种程度上我们必须承认这样的做法具有一些积极作用，因为自古强国在初兴时几乎都会走这样的道路。为了积极的目的而扩建武装力量，虽会有一些弊端，但绝不至于走上亡国之路，这是毋庸置疑的。这就是说为了成就积极的军备计划，国家未必绝对限于自卫需求，但国家运用武备仍应以必要为原则，以自强自卫为根本。"

人口与军备

佐藤认为，一国军备发展与其财政状况密切相关，财力空虚则不可能建设完善的军备。然而，军备对国家经济发展的影响，并不在于其消耗多少物资，而在于其国民生产力的强弱。发展军备使用从国民那里收取的所得税来购买军事物资，虽然看起来似乎是在消耗货币，却不能说是浪费。因为很多情况下，这些钱在采购军备时又还给了纳税人，变成了价格相当的物资。所以，如果不从外国购买物资、装备，则军备对国民造成的损失只是现役士兵的生产力。然而，如果从外国购买的军备物资价格相当，且为军备所必需，则其实际意义就相当于使用外国人来生产军备——这样也不会损失本国的财富。不过，与装备物资的采购相比，因为兵役而造成的青壮劳动力损失却是实实在在的，对国家财富的消长影响甚大。然而，佐藤强调，军备的价值并不应根据军备本身的直接用途来确定，必须根据其所能够保护的物权价值来确定。他形象地将军备比作防止河水泛滥的河堤，平日虽看不到其用途，一旦战败时就会像河堤崩塌，所带来的悲惨后果无法估计。因此，在佐藤看来，即使兵役超过了国家必需，有损国民生产力的发展，也要果断征兵。若过分担忧对生产力的影响而养兵过少，则战争一旦来临就无法压制强敌。等到国家战败了，还会被迫赔偿战费，不得不投入自己的财力为胜者养兵，像法国那样拿出 50 亿法郎替普鲁士养兵。

为了解各国国民负担的轻重，佐藤对各列强的人口与服兵役人员现状进行了调查，并进行了以下总结。

各国现役军人与人口的比例

国名	人口	现役陆军军人	现役海军军人	总计	现役军人与人口比较
英国	41544145	106686	114880	221566	1/188
法国	38595500	510305	42152	552457	1/70
德国	56367178	604168	31171	635339	1/89
俄国	39000000	1100000	45000	1145000	1/113
美国	76303387	106339	22800	129139	1/591
日本	46453249	167629	30061	197690	1/235
备注：根据 1899 年的调查结果制作；陆军士兵不包括在外兵力。					

佐藤认为，从调查结果来看，军备个人负担最重的是法国人，德国人、俄国人次之，英国人更少，美国人则不足法国人的八分之一；日本的负担从经费上看相对较重，但从人口方面来看仍有继续增加的余地。然而军备和人口的关系并不是单靠上表的简单比较就可以断定的，在实践中仍必须尽量减少现役军人的数量。佐藤通过引述奥地利学者史坦的论述提醒人们关注人口与军备的关系："所谓士兵与人口的关系，指的是士兵与人口增减的相互影响，该关系的重要性

在于士兵本身是国家人口的一部分。简而言之，由于兵制不同，增兵措施对人口产生的影响有很大差别，那种认为战争与人口损失有很大关系的观点存在很大谬误。古往今来的事实说明，即使是最惨烈的战争，战死和负伤的人加在一起也不过总人口的 6%。现在假设参加战争的人数占总人口的3%，这些人在一次战争中平均参加两次战斗，而该战争中减少的士兵数量为 20%，则战死人数也不过总人口的 2.5%。而欧洲人口每年以 1% 至 1.5% 的速度增长，两者相比，人口因战争减少的幅度是非常微小的。如此看来，与人口增减具有密切关系的，不是战争而是服兵役的期限。从婚姻的角度看，如果兵役期限为三年，则不过是稍微将婚育时间拖后了一点而已，对国家人口的繁衍并不会造成很大的影响。即使将兵役延长到五年乃至七年，对人口增长的不利影响也很小。然而，真正可怕的是，有过军旅生涯的人如果习惯了单身，养成了难以适应正常婚姻生活的性格，那就会对部分国民的正常婚育造成很大损害。所以，长期服兵役仍会妨碍人类的繁衍，而且其危害之大是无法估算的。俄国人口不增加，估计就是这个原因。"

佐藤认为史坦的观点非常值得玩味，指出由于军备的必要性，国家不能因为预计到上述利害而减少征兵人数，但应该尽量避免保持国防并非迫切需要的庞大军备，以减轻国民兵役负担。即使不得已要扩大服役人数，征兵后也要重视对官兵的教育，使他们将军人尽量作为一个常规职业，以避免养成无法适应正常婚姻生活的惰性。

地理和军备

佐藤提出，一个国家的军备要根据地理环境确定，常备军数量应根据该国的位置和与邻国之间的关系而定，事实上欧洲各国就是这样做的。相邻的陆地大国之间经常会相互警惕和防范。即使甲国想要维持和平，若其邻国乙国备有大军，则甲国为维持本国安全也必须拥有能够与乙国相对抗的军备实力。这就是为什么法、德、奥、意以及俄国都备有大量军队，经常保持防御态势的原因。而英国孤悬于海上，未必需要可与欧洲各国常备军相对抗的陆军，只要能掌控海权，防范外国跨海来袭就足够了。因此，即使海峡对面的法国拥有50多万大军，隔北海相望的德国拥有60万现役军人，英国只要有10万陆军即可。佐藤认为日本与英国的情形非常类似，所以他在《帝国国防论》中不厌其烦地介绍了英国国防建设的一些做法。

英国人查尔斯·基尔克在《英国兵制论》中论述了英国应当加强陆军的观点，但他又对在海上阻止敌军跨海来袭拥有信心。他表示："我所说的并非是英国军人数量不足，英军以目前规模实施陆地防御已绰绰有余，只是需要适当改进军队编成方法而已。"英国国防界泰斗德翁·希亚也认为必须建立强大的海军，并宣称："确立海上优势是我帝国国防之根本。"英国国防会议议长卡纳冯曾在贵族院表示："海军是关系到长久之计的重要部门，如果财务当局吝惜一金则日后必失百金。贵族院应当倾听和重视海军的意见，如果过度坚持己见日后必难免要承担重大责任。"该国著名政治家自由党党首亨利·坎贝尔·班纳文爵士曾这样论述国防问题："对于我国必须占据海上优势的格言，本人满怀信心表示赞同；对于为保持海上优势，海军需拥有应对世界上任何两个国家联手之实力的格言也深以为然。"罗德·斯宾塞在 *Sea Field* 中写道："本人是热爱和平的国民，也希望与邻邦保持友善。然而本人还是一名将领，所以本人认为，我国最佳战略在于建设强大的海军。这是我国实现国家利益增长的最佳方式。"

英国陆军元帅威尔斯利公爵在向格拉斯哥市民的演说中这样说："数年前我英国处于危难之际，帝国疆域不能向四方扩展，我陆军自不必说，连海军军费也不能有所增加。当时我们都在担忧一旦遇到事变将如何保护我国利益不受损害，大家异口同声说要扩建海军，结果我们增加了舰船和水兵。在燃眉之际，我们曾向公众呐喊，即使国防经费仅有百万，我们也要毫不犹豫地将其用于海军建设。这样反复呼吁了多次，国民终于认识到了扩建海军的必要性，如今我国海军已经恢复了其威力，大家得以目睹昔日盛况的重现。我们不得不承认，这实在是国家之幸事。"威尔斯利公爵在陆海军联合协会的杂志上还指出："我国孤立于大洋，四面环海，国民才有幸没有看到在本国国土上与外国军队交战的场景，也很少遇到担心战败的情况，因此大家对本土作战和战败的可能性漠然视之。可我们必须认识到，一旦我军惨败，我国要遭受的灾难将远远超过那些经常品尝陆战失败苦果的大陆国家。所以，我们的国防一步不能后退，必须不断扩张下去。换言之，即使增加军费，承担沉重的租税，我们也必须永远维持我们的制海权，且必须永远拥有能够威震海内外的陆军。"

综合这些英国人的上述观点，佐藤认为，尽管英国人以各种方式主张扩建陆军，但实际上他们都没有脱离以海军作为国防主干的理念。不过，这只是海岛国家英国的观点，大陆各国则不然。为此，他还引用了德意志帝国将领布鲁梅的断言："濒海大陆国家为了维护国家利益，不得不将军备分散于海、陆两军。然而一个国家将其兵力用于海陆两军的比例应当遵循如下要领：陆军需要在国家受到来自海洋的进攻时能够保卫国家，并且陆地相互接壤的甲乙两国短兵相接时，不依靠陆军就不能歼灭敌国主要兵力，也就很难决出胜负，所以要强大；而海军通常不能直接防御其陆地领土，所以其防御能力可以弱一些，但仍不可或缺。海军的保护是国家维护海上利益所必需，海军的活动对陆军的作战能力往往有很大影响。尤其是当敌军觊觎本国海岸时，海军可提供各种协助使陆军的防御行动更加快捷。"

佐藤认为，布鲁梅将军的观点作为大陆国家来看，其看法还是比较客观的，但对于英国、日本这样的岛国而言，却说服力不够。战时，兵力的主要用途是防御敌军并进行攻击，而对四面环海的国家而言，来袭者必是敌国海军，进行还击的也必须是本国海军。所以，海岛国家如果具备了强大的海上力量，则敌军将一步也不能踏上其国土。即使登上了其国土，如果海岛国家拥有海军优势，仍可切断敌军后援，使其登陆部队无可作为。相反，如果海军弱小，不能控制制海权，则非但不能将战场推至敌国国土，而且难以在本国有效实施沿岸防御，剩下的选择只能是靠陆军保卫国土了。因此，海岛国家必须将其军备的主要精力用于建设完备的海军。进一步讲，如果岛国的海军力量微弱，不仅不能遏制敌海军对本国领土的入侵，而且当敌军要远征侵略其保护国或殖民地时，也不能有效拒敌、建立功勋，其结果往往是拥有制海权优势的国家在远征中取胜。

佐藤进一步指出，要确定岛国的军备方针其实非常容易，但如果不能进行根本性研究，仔细分析其利害关系，则一定会留下千古遗憾。英国陆军元帅惠灵顿公爵在1847年回复陆军将领福尔格因的书信中认为，关于陆上防御问题的研究还远远不够，并驳斥了英国将领克劳姆在局部防御问题上主要依靠海军的观点，认为："我注意到蒸汽船的发明正引发海上作战态势的变化。据本人数年来在这方面的研究，该发明使得我国任何一个港湾，不论是否出现潮汐，不论春夏秋冬何种季节，外国人若想对我王国进行侵犯都是有可能的……在面对敌人由海到陆的攻击时，如果我舰队在其附近的实力不足，则在敌人宣战后的一周内，我海岸将安全不保……在北福兰特和塞尔西贝尔之间的海岸线上，港湾河口不到七个，可没有一个采取了防御措施。若敌陆军一朝占领了这些海岸，其骑兵和各种炮兵紧接着就可在此建造有力的后方基地。如果这些后方基地又能够通过海上运输，与法国连接起来，其结果又会如何呢？"

佐藤认为公爵所言削弱了英国的国防特色，今日看来的确算不上真知灼见，倒可能产生不良后果。他还指出，公爵认为的我舰队实力不足时，在敌人宣战后一周内我国海岸将安全不保的看法倒是证明了一个相反的观点，即如果拥有一支能够掌握海上优势的舰队，则不需要害怕敌人的攻击。不过，佐藤还是肯定了公爵强调的加强局部防御的必要性，声称即使是四面环海、与他国没有接壤的岛国，也应当在必要的地方建立要塞，做好防御准备，尤其是当面对拥有制海权的敌国时，大肆削减局部陆上防御的经费也是令人担忧的。

佐藤将英国军备方针和国防史视为日本国防的典范，认为要为日本国防方针下定论，必须先研究英国的历史及其盛衰兴废。他指出，由于地理上的原因，英国军备的方针极容易阐明其优势和劣势，所以英国只要将主要精力用于海军建设，以"两强标准"维持海军力量即可。他引用当时英国国防界名人克拉克和萨斯菲尔德合著的《海军及国民》中的一句话，称："历史明确告诉后人，针对海上入侵之敌最恰当的国防手段自然是海军。数百年的历史还证明，任何战争都可能在偶然间发生。"佐藤还非常欣赏英国陆军对本国海军发展的理解和支持。在19世纪，英国陆军由于规模有限，无法完成在印度边境的防御，英国国民也对此漠然视之，政府只派遣少数戍边兵力担负防御任务。在英法战争期间，随着印度领地面临的入侵威胁越来越大，英国国内主张增加大陆军备以备不时之需的论调渐渐增多。因此，英国陆军部分将领极力要求扩军，一些名将也声称，王国军备与帝国军备之间存在不同，主张扩建陆军。但是，当后来他们了解到南亚的局势后，看到了制海权的潜在威力极大，才醒悟到必须使海军更强大。因此，当英国媒体记者就英国在南亚的军事失败询问陆军将领如何改良军队时，得到的回答却是："你想问我对陆军改良的意见，那是因为你还没有看到海军面临的问题比陆军更加紧迫吧。我认为必须齐心协力增强海军的实力。"对此，佐藤意味深长地指出，英国人的强大就在于能够在发展海军上形成共识，不断完善其帝国国防。

同时，佐藤还对欧洲大陆国家的地理和兵备的关系进行了较为深入的分析。指出，法国不仅与其宿敌德意志接壤，而且其边境地区天然屏障很少，所以必须配备强大的陆军以抗衡德国（虽然法国还与意大利和西班牙接壤，可法国人却不用如此惧怕，因为有阿尔卑斯、特莱尼两山作为天然屏障蜿蜒于国境，不需要派遣大军把守），加之西边就是一水之隔且水火不相容的英国，为维持兵力平衡，法国又必须建设强大的海军以在海上保持相对优势。在这种不利的地理环境下，法国如果不能在海、陆两个方向都建设强大的军备，就难以自守，无法维持本国的利益和繁荣，也就不能跻身强国之列。然而，法国的国力又是有限的，很难使陆军、海军建设都凌驾于邻国之上。所以，德国在陆上有60万大军，法国仅保持了50万以维持势力平衡；英国在海上有150万吨战舰，法国则以60万吨保持牵制力。相反，德国的地理条件却使其军备方针的确定较法国容易些——其海上力量不需要像英法两国那样强大，只需壮大陆军即可。不过，由于德国海运事业的长足发展，其相应的国防任务也在随之增加，所以德国采取了不断扩建海军的策略。佐藤认为德国壮大海军主要基于保护海运，未必就是要采取武力进攻政策，不需要对其特别警惕。

同时，佐藤还认为，如果俄国的军备建设果真以防守自卫为目的，愿意通过和平竞争增进国家利益，则不单不需要在黑海和波罗的海配备如此强大的舰队，更不必向东洋派遣大型舰队与日本相持。俄国不断扩建波罗的海海军，加速建造快速战舰的目的，不是为了对付德国和瑞典海军，而是着眼于更远的远东地区。换言之，俄国在波罗的海建设的强大舰队，并非要用在该海域，而是抱有远征东洋的野心。他还引用了俄国一篇军事论文《适合俄国海军的战舰和巡洋舰样式》印证自己的判断。该文指出，"我沿岸的第二海军后方基地为芬兰和波罗的海湾。两海湾较为闭塞，实际考察看来，近岸防御舰艇就足够了，不需要配备机动舰队来实施防御"，"在我国东部，侵略军如直接登陆我海岸，则必然依赖舰队，从海上来袭。这种海上进攻绝对不是鱼雷艇队或岸防舰能够抵挡的。所以，我远东海军必须是大洋性的。并且，我国必须通过比较远东邻国的海军实力，来确定本国应拥有的军舰型号和战斗力"。因此，佐藤的结论是，俄国国防的战略重心显然不在欧洲，国防目标也显然不是基于自卫，其建设海军的目的非常明确，就是为了保卫其在东亚地区的领地，扩张本国的利益。

佐藤根据欧洲各强国的地理环境，分析了各国的军备建设方针，想以此作为确定本国国防的参考。但他并不满足于此，认为以上内容仅仅是阐述了海岛国家与大陆国家在国防上的利害关系，只有进一步分析了解欧洲各强国与邻国之间陆地边界、海岸线的具体情况及其与各国军备的关系，才能对日本国防筹划有充分的借鉴意义。针对这个问题，他试图通过以下表格来进行说明。

各国海岸防御线长度与海军实力的比较

国名	本国及与本国接壤领土的海岸防御线（海里）	海军（吨数）	每海里吨数	兵力数量	每海里兵力
英国	1800	1554482	863	114880	64
法国	900	602111	669	42152	47
德国	500	337180	674	31171	63
俄国	1200（除太平洋及北冰洋）	394163	328	45000	37
俄国	2600（除鄂霍次克海及北冰洋）		151		17
美国	4740	259794	54	22800	5
日本	3300	219012	66	30061	9

一、本表中的海岸防御线并不是海岸线的意思，是各个岬角连接直线之和。

二、英国领土散布世界各地，但在加奈陀和澳大利亚分驻兵力较少，且与本国相隔没有计算。

三、美国包括东西两海岸，以及古巴和波多黎各。

各国国境线长度与陆军实力的比较

国名	国境线（海里）	现役兵力	每海里兵力
德国	3350	580023	173
法国	1575	511764	325
俄国和美国由于境域与其他国家不同，此处未列出。英国和日本没有国境线，所以没有进行比较。

　　在佐藤看来，虽然军备未必一定要依据海岸线的长短和国境的宽窄来确定建设规模和程度，但根据局部防御理论，防御线即海岸和国境，要想确定防御重点，仍有必要对此进行比较。从以上两个表格来看，英国每海里配备的兵员数量不过是德国的三分之一、法国的五分之一。英国海军虽然奉行"两强标准"，实力强大，但其兵员还不及法国陆军的四分之一。如果进一步将英俄两国现役士兵进行比较，就会发现俄国现役士兵110万，而英国现役士兵人数与其正好有100万之差。佐藤认为这100万壮丁是非常强的生产力，世界第一的海军与世界第一的陆军之间在国家经济（人力资源）上具有多大的差距可想而知，而这正是为什么岛国国民比大陆国民要幸运得多的原因。

　　佐藤进一步举例说明：法国拥有陆军51万、海军4万，共计55万兵力，与英国的21万相比有34万的差距。与此相应，英法两国军费相差8500万法郎。现在法国的年出口额为96亿法郎，如果将男女老幼加在一起计算则人均250

法郎；如果以占法国全部人口四分之一的壮丁人数为基数计算的话，则每个法国壮丁创造的出口是 1000 法郎。因此，与英国相比，法国因兵员比英国多 34 万所造成的出口损失就会多 3.4 亿法郎——两国军费的 8500 万法郎差距就扩大为生产力上 3.4 亿的差距。所以，在国防方面，海岛国民的负担与大陆国民相比明显为轻，海岛国民仰仗天赐的地理环境而尽享福运。

欧洲各强国的军备主要针对其邻国而设，其兵力部署意图十分明显。法国的主要防御对象是德国，故在邻接德国和比利时的国境上，设置了拜尔佛尔、拜赞逊、利尤等 24 个大要塞和 15 个小要塞；在意大利方向，则设有拜尔比尼亚等 3 个要塞和若干个堡垒；在西班牙方向仅设置了派尔皮尼亚等 3 个大要塞和 10 个小要塞。德国则需要守卫与法国、俄国接壤的边境，其要塞设置也据此需要而定。由于德国实际上最大的防御对象是法国，其次是俄国，所以在法国方向设置了麦因茨、梅兹、奇约仑、斯托拉兹布鲁西等 12 个要塞，在俄国方向则设置了奇约尼古兹布鲁西、珀塞恩等 9 个要塞，并在维兹其由拉地区设置了几个要塞；而在奥地利方向的要塞则很少，仅在因戈尔斯泰一城设置。意大利在地理上与法、奥两国相对，因此在此两国国境线上设有佩泰兹哥利雅、亚历山大利雅、塞诺阿等 13 个要塞，呈防御之势。

俄国的兵力分配与上述三国相对应，主要是坚守波兰和维斯奇拉河，而且该国 4 个一等防卫要塞均位于此地。

佐藤由此认为，欧洲各国谨慎观察与邻国的关系，来指导其陆上兵力分布的轻重，海军也是如此。英国吸取历史教训，将地中海作为国防第一要地，并在此配备了最大的舰队与法国的土伦（**法国东南部面临地中海的城市，著名军港**）对峙，并设置海峡舰队以防范法国采取拿破仑式的进攻策略，所部署的海军兵力也来自英国海军的骨干部队，充分反映出其战略上以法国为主要防范对象。法国则拥有北海舰队，主要对付英国海军；德国为确保基尔运河的通航，采取东西相应的策略，以便于其舰队的活动；俄海军不是以本国防卫为主，而是将其主力派遣于东洋地区。

佐藤指出，日本应积极吸取欧洲各国尤其是英国的经验，尽可能制定出长期国防规划，以指导完善军备；必须注意地理和人口因素，节约不必要的军备以用于必需之处。军备建设要力求以最小数额的军费收到最大效果，从而使国力不会衰退，并逐渐积蓄壮大威力，以此来增加国家福利和人民财富，扬国威于万世。

佐藤最后总结了完善军备需注意的事项，要点大体如下：

（1）国家的财力允许将军备扩充到何种程度。

（2）从地理上看应当确定怎样的军备。

（3）如何才能做到不损害国家的生产力，并使国防建设取得硕果。

（4）目前的军备与国防目的是否相适应。

关于国防三线

佐藤在《帝国国防论》中指出："维持国家的安全利益、保护通商贸易和应享有的权利不容他人破坏，这是国防应承担的任务。所以，海岛国家国防的目的是在近海压制敌人，使其不能劫掠我沿岸。世人或许认为将敌人诱到本国境内后全歼才是国防之能事，这却不是国防的真正价值所在。"

佐藤查阅了日本历史上将敌人诱于国内的战史记录后发现，每一次记录都是惨绝人寰的。因此，他非常担忧，如果有朝一日敌军击破国门，登陆日本，恐怕国内的百姓又会遭受践踏。他尖锐地指出："我财物必将受到劫掠，我妻儿必将受到凌辱，留下百年难忘的国耻。国防的本质难道就是为了歼灭敌人而要承受入侵之痛？不！国防的真正意义绝不在于保存我军队。假如我军队保全，我舰队残存，我兵团能够避免兵败，而应当防御的国土却受尽敌兵之蹂躏，那还有何意义？英国国王阿尔弗雷德受到北狄（指丹麦人）的压制，领悟到真正的国防乃压制敌方，使其不能登陆，并据此建立了英国国防的基础。我国的先知先觉也经常告诫后人国防的真正意义，我们应当牢记在心。"他认为，国防的真正出发点在于使敌人一步也不能踏上本国国土，国防的归宿在于增加国家福利，使国民幸福，维持国家繁荣，并使外邦丝毫不能染指本国应当享有的权利。

除日本历史外，佐藤还查阅了大量外国国防史料。他特别举出了中国战国时期燕国乐毅和齐国田单的即墨攻守之战。前284年，燕国大将乐毅率大军攻打齐国，齐王则被楚国客将所杀，其社稷即将葬送，而唯孤守即墨的田单坚持不降，并放出奸细，施离间计使燕王怀疑乐毅，将其召回，再以火牛阵攻破燕国骑兵，数日之内收回了70余座城池。对于田单创造的这一战争奇迹，佐藤却质疑道：难道凭此就能够说齐国强于自卫吗？不能，我虽然看到了田单威名远扬和火牛阵的威力，但更看到齐王被杀，齐人列祖坟墓被掘，妻儿遭到凌辱，强于自卫的成果何在？佐藤还举了拿破仑攻打俄国的例子。1812年，拿破仑亲率60万大军进攻俄国。面对英勇善战的法军，俄国沙皇自知无法与其抗衡，于是采取坚壁清野之策，在主动撤退时烧毁村庄、城市乃至国都，待冬季来临，法军补给困难、军力衰竭时再大举反攻，从而取得了最后的胜利。对此，佐藤认为沙皇下令焚烧国都之举不能看作是俄国善于自卫，只是体现了他的勇敢果断而已，俄国虽然取得了最后的胜利，但国都化为乌有，州郡遭受蹂躏，说不上实现了自卫。

佐藤还对日本历史上两次抗元战争发表了自己的独特见解。1274年，元世祖忽必烈在多次要求日本称臣纳贡遭到拒绝后，派遣数万大军浮海东渡攻日，并一度顺利占领对马岛、壹岐岛，在博多港与日守军激战。但是，夜晚元军与日军脱离接触回到船上后，所乘船舶遭遇风暴，损失惨重，不得不撤兵。此战在日本历史上被称为"文永之役"。1281年，元世祖再次派大军侵日，举兵十余万人，在经历了博多港之战后，夜晚又遭遇台风，元军战船大部分沉没，不得不狼狈撤回，日本史称"弘安之役"。佐藤时代，很多史学家对文永之役、弘安之役大书特书，盛赞日本当时的强盛和"神风之佑"。对此，佐藤却不以为然，认为日本这两次战争的胜利，只是使本州免于元兵的蹂躏，使十万敌军尸漂海上而已。而在战争期间，对马守将惨死，岛民蒙受未曾有的凌辱，对于这些历史，后人却不堪正视。因此，文永之役、弘安之役的胜利，与日本"强于自卫"根本风马牛不相及。相反，佐藤感到英国在海峡对岸，对抗各大陆强国、独善其国防的历史，才让人倍感痛快淋漓。

一向钟情于英国的佐藤，为证明海岛国家必须将战线置于海外的观点，还对英国国防与海防的关系史进行了较为细致的梳理。

在古罗马崛起的过程中，恺撒大帝曾两次尝试征服英国，并打败了布利吞人（古代不列颠南部的凯尔特人的一支）。其后，撒克逊人击退了塞尔特人，移居南英地区。接着，盎格鲁人来到其北部地区，与撒克逊人融合成为盎格鲁－撒克逊人，打下了立国基础。但是，此后丹麦人又屡屡来袭，劫掠不列颠沿海地区。英国虽然海运和渔业都很发达，却没有强有力的海军，最终无法有效防御丹麦人的入侵，不得不认输。至阿尔弗雷德国王时期，英国终于在与丹麦人的苦斗中领悟到真正的国防是不使敌人踏上国土，并发现了岛国国防的第一线而且唯一的实线就是保持强大的海军这一真理，积极振兴海军抵御外寇，并使国家一时得到了安宁。然而，沿海警戒的时间一长，英国人疲劳之际再次忘记了先人的遗训，忽视了海防，遂给诺曼人以可乘之机。1066年，诺曼底公爵威廉率领七千骑兵横渡英吉利海峡，在顺利登陆后如入无人之境，颠覆了撒克逊王朝，登上了英国的国王宝座。前国王哈罗德中箭身亡，空留下亡国之恨。

诺曼底人夺得英国后也曾一度忘记海军的重要性，但他们后来开始反省先祖之所以能够征服英国并称王的原因，并大力扩建海军。1213年，法国国王率兵欲侵入英国，英派其舰队采取攻势，将法舰队击败于塞恩河口，火烧吉普街市。法国人遭受难以恢复的重挫，国王最终不得不暂时放弃征讨英国的计划。此后，英海军逐渐衰落，海防松弛，给法国国王菲利浦以可乘之机，结果英国普里马斯舰队几乎被焚烧殆尽，桑普敦、多佛、莱伊等沿岸各港都蒙受劫掠之辱。此时，英国才再次领悟到必须建设完备的海军。1337年，英法百年战争爆发。1340年，英国国王亲自率领舰队，在斯柳依斯海战中打败数量上远远占据优势的法国海军，控制了英吉利海峡，1347年又夺占加莱港，并于三年后击败法国西部舰队。1360年法国被迫与英国签订《不列提尼和约》，承认英国对法国部分领土的占领，并付赎金300万克朗赎回被俘的法国国王及贵族。英国由此一跃而成为西欧的最强大国家，海上之王的威名响彻宇内。

《不列提尼和约》签订后，战败的屈辱激起了法国人的斗志和复仇之心，而英国人在大逞国威之后，海军的重要性竟渐渐又被忘记，受到国民的漠视，舰队由于疏于建设实力大大衰减。1369年，法国国王查理五世重开战火。1372年，英舰队在拉罗谢尔终于被法国舰队击败，失去了对英吉利海峡的控制权，完全丧失了海上之王的美名。在陆上，据守在大陆的英军被法军接连击败，控制的领地逐渐只剩下加莱、布雷斯特等几个沿海据点。此后一个时期，英吉利海峡成为海盗的贼窝，对岸各国的舰队肆意抢劫英国商船，英王法国领地的海岸无处不受到劫掠。接着，法国查理六世怀抱征服英国的大志，将其舰队大举集结于苏黎世，开始攻打英国。伦敦市民惊恐万分，丢弃家园，抱头逃窜，所幸英国将领阿兰德尔采取攻势，在海上迎击敌军并取得了胜利，英国人这才避免了敌军的侵袭，保全了国家。1449年，法国攻克诺曼底。1453年英军大败，被逐出法国，仅仅在大陆保住了加莱一地。英法百年战争最终以英国失败而告终。

此后，英国人深刻感受到海军的重要性。亨利五世继位以后，英国国防的方针相对稳定，欲遵照阿尔弗雷德国王的遗训发展海军。然而英国内乱接踵而至，没有能够建立强大的海军以应国防之急。1545年，法王亨利的舰队出现在森特海兰兹时，英国正面临着国家存亡的危机，但幸运的是，法国舰队中开始蔓延瘟疫，法国不得不中途放弃，无功而返。伊丽莎白女王时期，英国出现了德雷克、霍金斯等名将，击败西班牙的大舰队，英国海军的实力逐渐强大起来，远洋航海事业蓬勃发展。英国开始建立海外殖民地，并成立了东印度公司。此后，英国海军主要为殖民地而战，西、荷、法三国常常成为其对手，他们的交战史占据了海战史的大部分篇幅。

佐藤认为，在英国与西班牙的战役中最需要注意的是

1588 年至 1596 年间的战役。此次战役后，西班牙的海上力量几乎全军覆没，失去了重兴的希望。接着荷兰人又遭受了英国人的打击，其世界范围的海运也随之衰亡，海上霸权终归英国人之手。而英国人由于国家经费支出庞大，且为连年的瘟疫所困，渐渐忽略了海军建设，政府不再愿意为海军支付巨额经费，国王偏信个别高级官员的观点，驳斥了海军元帅的主张，缩减了海军装备，实施局部防御，将海军力量撤至梅德河口，海军不再在国防中占有主要地位。英国削减海岸防御装备的行为给荷兰将领德·路易塔再次夺取制海权的机会，其舰队沿泰晤士河逆流而上，攻陷了西子思军港，将停泊在内河的英国舰船付之一炬，占领河岸炮台，插上了荷兰国旗，封锁了泰晤士河。伦敦市民不得不忍屈受辱，要求国王媾和。这时，英国人才从美梦中完全觉醒，再次扩建海军，卷土重来。1680 年，海权再次落入英国人之手，荷兰的海上商业帝国彻底崩溃，国运陷入了无法挽回的境地。继荷兰人之后，法国人又向英国人挑战，西班牙人也多次参与其中。1692 年，法国人在拉霍谷海战中失败，路易十四的对英策略遭受重挫。在 1703 年至 1713 年的战争中，英国人作为海上之王依旧威猛无比。法国在蒙受英国海军的沉重打击后，丧失了在海上与英国人对峙的勇气。随后，英国海军再次衰退，并于 1744 年至 1795 年间完全丧失了原来的面貌。至 1776 年，英国海军实力极度衰退，只能勉强维持着与大陆的均衡，其北美殖民地在法国的支持下乘机举起了独立旗帜，缔造出新的国家美国。1779 年，英国受到法、西同盟舰队的侵略，国土遭受蹂躏，所幸同盟军之间龃龉不断，无法统一意见，最后处于劣势的英国舰队发挥了潜力，才使国土得以免遭来寇侵袭。

严重的国家安全危机使英国人再次认识到海军强弱直接关系到国运的兴衰，虽然经济拮据仍然着手再次打造舰队（1774 年仅有 340 艘军舰、2 万人，1783 年达到 617 艘、6.5 万余人，1802 年达到 781 艘、13 万人，1810 年达到 1048 艘、14.6 万人），并出现了多名勇将。名将兹鲁逊也是在这时崭露头角，并在托拉法鲁海战中粉碎了拿破仑鲸吞不列颠、一统欧洲的伟略。随着拿破仑被流放到撒丁岛，世界海权完全被英国人掌握。英国不仅拥有无可匹敌的强大舰队，还成为世界上最富庶的帝国，欧洲列强中再没有能与其抗衡的国家。此时，欧洲大陆的列强渐渐意识到发展海上实力的必要性，法国开始打造全新的海军。相反，英国似乎再度陷入了从强军到麻痹的轮回，海防一度呈现无警戒状态，海军军备被忽视，到 1857 年舰队几乎被削减一半。对此，英国海军将领深感忧虑，竭力强调振兴海军。1889 年，英国召开了海军国防会议。此后英国海军蓬勃发展，实力不断壮大，成为真正的世界级大海军，德、法、俄三国的全部舰队也难挡其实力。

佐藤指出，上述国防史已使英国人坚信，海岛帝国的兴衰与海军的盛衰之间存在密切关系，"英伦三岛及帝国的安全和利益虽托皇天庇佑，但主要依靠海军"的格言已深深铭刻在英国人的脑海中。中世纪以来，英国从来没有为抵御外敌侵略而建立一支强大的陆军和坚固的防御要塞，从来没有试图发展陆军讨伐大陆，却实现了国家的富强繁荣。他们的国防总是通过建立强大的海军来实现，其用兵范围也仅仅局限于海权争夺。虽然英国也曾经向欧洲大陆派遣陆军，但目的大多是为了夺占对海军运用至关重要的军事据点或具有战略意义的沿海城市。在英法百年战争之后，英国再未出现过以占领大陆为目标的征服主义行为。

佐藤认为，英国将领进行的国防战中遵循的第一格言就是"真正的国防是使敌兵不能进入国内"。对于欧洲大陆邻国屡次入侵英国本土的失败，佐藤引用英国将领的话指出："将战略精力分散在两处，必然不如聚焦于一处强大。他们失败的唯一原因是，忘记了在最适当的时机将所有的精力放在实现首要的作战目标（**打败英国海军**）上，而只是一再重复执行进攻英国本土的计划。在该计划中，他们的海军既要对付英国海军，又要保障登陆成功，无形中就分散了精力。

他们的统帅还被一种侥幸心理所左右，仅仅希望靠诈术伎俩避开英国海军的监视，由陆军伺机登陆作战，这样就不自觉产生了轻视海军的倾向，无法实现击败敌军舰队这一首要目标。这就是他们最终无功而返的原因。"在佐藤眼里，路易皇帝和拿破仑等只是热衷于征服主义而不知重视海权，容易忽视海军在跨海峡作战中的桥梁作用，而试图凭借谋略和侥幸运送其陆军，但由于海峡控制权往往被英国人所垄断，法国最终也没能够将其陆军送至海峡彼岸。这就是英国人虽然数次受到对岸邻邦的觊觎，却未被征服的原因。

通过上述分析研究，佐藤总结出了海国的"国防三线"的分布和各自功能：第一，敌人进入国内后，要发挥扫荡敌军的作用；第二，防止敌军袭入海岸，文永之役、弘安之役的战例即是如此；第三，将敌人挡在国门之外，英国的国防历史就是这样。也就是说，第一线在海上，第二线在海岸，第三线在内地。其中，第一线根据作战区域又可进一步分为甲、乙、丙三线。甲线在敌国海域，乙线在外洋，丙线在本国近海。第一线国防的主要目的在于控制敌国海域，使敌军不能到达外洋，不能觊觎日本近海。日本海军若在第一线上出色地完成了任务，就可以控制敌国海域，封锁敌人的港湾，击败敌军舰队，阻断敌军的运输，缴获其船舶。佐藤查阅了路易十四以后两百余年间的战争史，发现首先控制敌国海域，再运送陆军的战役有十余次，其中只有一次未实现作战目的，认为这些都证明了"若不能控制海洋则无法输送陆军"的原则，强调夺取海战胜利是海国国防的关键所在。如果第一线的军备充实，即使第二线和第三线的防御不够严密也能够克敌制胜，使敌军不能踏上本国国土一步。这就是说，一国如果掌握了制海权，就能完成本国海岛及海湾的防御任务；如果本国海域的制海权落入敌手，则必须将其夺回。他进而假设，如果敌军攻破本国第一线、第二线的防御，或者在本国第二线防御力量不及之处登陆的话，后果如何？该如何应对呢？答案是：假如本国军队作战得法，也许能侥幸剿灭入侵之敌，但本国的商铺、沿岸城镇都可能遭到破坏和掠夺，或者像路易十四、路易十五时期的法国那样遭到封锁；或者像第二次英荷战争结束时的英国那样，财政因贸易中断而难以为继，不得不在贫困交加中向对手求和。

佐藤潜心研究日本地势，发现日本的城市都位于海岸附近，要塞极易遭到突击，便提出如下结论性认识："如果我国的第一线国防被敌军击破，敌舰出没于我沿岸地区，则敌军就会阻断我陆军之间的交通，国土各部分之间的联络会变得非常困难。敌军就会以其统一兵力对付我分散兵力，并迅速占领沿海及海岛要地，在陆上与我军对峙。此时，我分布于全国各地的陆军如果能剿杀敌军尚可，否则国运将难以维系。从我国的地理状况看，若国土落入敌军之手且没有占优势的海军，很多地方将难以收复，故深感我一线国防责任之重大。从英国陆军名将惠灵顿在西班牙半岛的作战与英国海军的关系来看，当时拿破仑虽拥有强大的陆军却不能将居于少数的英国军队驱赶出半岛，就是这个道理。国防如果不能在第一线与敌海军决一胜负，就必然失去采取攻势的能力，第二线、第三线必转为守势，也不可能在沿海地区追剿敌军。即使能尽到防卫本土的责任，侥幸击败上岸的敌国陆军，敌人的舰队仍会肆意游弋于我沿海，运送陆军占领环海各个岛屿，并割断我海上交通。如此一来，我国沿海渔业和外洋海运必因此终止，工商机构停止运营，进而引发经济大恐慌，国民生活困苦，饿殍遍地，不得不割地赔款求和，建国以来世世代代沐浴天皇圣德之臣民将含冤隶属于外邦治下也未可知……上述情况在英荷战争中即可看出端倪，在海上运输事业发达的今天，悲惨状况必然更加严重。英国首都伦敦的食品主要依靠进口，若一旦将制海权沦入敌手，就难以维持五个星期，此情尽人皆知。我东京的食品也是仰仗海路输送，若港湾遭封锁，东面海道交通必然断绝，能否撑上两个月很值得怀疑。如果战局到了这个地步的话，试想日本还能继续作战，最终恢复和局、获得利益吗？假使我国继续强硬到底，激怒了敌军，即使能够实现媾和，最终还能得到战胜果实、挽回强盛国运吗?"

佐藤查阅自古以来的战史后,认为海岛国家与陆上大国的战争,决定最终结局的并不是陆上大决战,而是海上决斗。英国的历史就充分证明了这一点。英国专注于海上霸权而躲避了大陆争夺,其结果是不仅使国家更加富强,而且进行了长达四百年的殖民地统治,促进了国家财富的增长。该国自 16 世纪以来与大陆国家之间的战争有数十次,在决定双方命运的主要战争中,指挥陆军在欧洲大陆获得大胜的将领,只有西班牙王位继承战中的马尔巴勒公爵和拿破仑战争中的惠灵顿公爵。佐藤甚至还认为,从英国本国的防御看,布伦海姆战役没有任何可供后世借鉴的价值,惠灵顿大捷与国土防卫也无密切关系,关于后者大家倒都认为特拉法加海战(1805)对英国国防才更有意义;至于这一时期发生的美国独立战争,虽然以陆战结束,但其性质仍属于英帝国的内部战乱,不属于国防的范畴。

为证明岛国国防的终结点并不在于陆战,佐藤列举下面六个例子,这些事例都是自 16 世纪以来对英国国防具有整体影响的,而且都是因为英国海军取得了对敌优势,以海战赢得了防御战争的胜利。

(1)1588 年的防御战争以霍华德、德雷克、霍金斯等击破西班牙无敌舰队的海战而结束。

（2）1690年至1695年的路易十四的侵英战争，完全是以海战结束。

（3）1759年路易十五的侵英战争以其组建的法国土伦舰队被击溃结束。

（4）1797年法国侵英计划以圣文森特角海战而结束。

（5）1805年的战争中法国人的侵英计划以特拉法加海战宣告结束。

（6）1853年至1872年的英荷战争既以海战开始又以海战结束。

佐藤试图通过上面的史实证明，海岛帝国的防御战争以海战即可宣告结束，未必等到陆上大会战才见分晓；第一线作战的胜败确实可左右整个战争全局，预示着国家在战争中的最终命运。因此，国家必须掌控整个军备建设，以增强自卫力量为首要，倾全力重视和完成第一线国防建设。日本要学习普鲁士国王为扩张其陆军而牺牲海军的专注精神，要学习罗马人为打败迦太基人5次重建海军的韧劲，要像英国人那样遵照祖训将其全力倾注于海上。对日本来说，正确的国防路线就是：首先必须完成第一线国防建设，而后才是第二线、第三线。

如何确定作为国防主干的海军实力

佐藤在《帝国国防论》中指出，如果不能在海战中取得胜利则很难保全国防，近岸防御如果缺乏拥有优势的舰队就不能有效发挥功能，等待敌军踏上国土后再清剿的做法违背了国防的本意。那么，到底应当如何确定作为国防主干的海军实力呢？针对这个问题，佐藤进行了深入的研究后指出：

> 根据时势变迁，与各国关系的不同，国家军备政策上虽然会有所调整，有轻重之别，但还是要确定基本方针，并要长期坚持而不能随便更改。要确定军备方针，则必须基于长久不变的条件来对其进行研究，该条件就是要有防御邻国之地势。从本人对地势的研究结果来看，我帝国就如西欧的英国，国防如不掌握制海权就称不上完善。但是，我们的先祖海洋观念非常淡薄，分析一下历史上各代名将起家的原因，没有一个不是通过陆上奋勇善战建功的。如此一来，后人就会不假思索地希望能够继承祖先传统，并不以在海上取得伟绩而感到自豪。相反，英国的史册却载满了海战伟绩，德雷克、霍金斯等名将在英国就像日本的田村将军（田村怡与

造，近代日本陆军中将、参谋部次长，擅长战略与谋略，曾筹划制订甲午战争和日俄战争计划，被日本人称为"当代武田信玄""日本的诸葛孔明"）一样出名，像源义家、源义经（两人均为日本平安时代名将，以善战为后世称颂）那样成为儿童们羡慕的对象，这样英国人就在不知不觉中养成了崇尚海战的观念。虽然从地势上看日英两国非常相似，但国民对海洋的观念，至今却仍存在很大差别。若要我国民对海洋的观念犹如英国人那样，绝非一朝一夕能够实现。这必须牺牲众多猛将，耗费巨额军费，加之数百年的腥风血雨才行。而本人仔细分析我帝国的地势和军备的关系，认为若不能掌握制海权则不能完善我国防。

佐藤不赞成沿袭祖先留下的旧思想，认为那违背了海国国防的宗旨。依照他的观点，设重防于海岸、将敌军诱入国内而击之、于军备尚未完善时首先对大陆用武等，实际上都违背了日本的地势。当海军军备尚不充分时，日本一旦与外国开战，在日军对大陆用武之前，"日本的海上就会被对方所控制，必然会造成无法挽回的局面"。为说明自己的观点，他引用了英国人艾奇·W.威尔逊在英国海军协会年报上发表的一篇题为《战败的意义》的文章，论述如果任由制海权落入敌手是多么可怕。该文章的原文如下：

现在，英国人虽然意识到了海权的价值，可是街头巷尾却流传着让人深感愚昧的论调，说什么维持舰队实力与劳动人民没有任何关系。这种言论完全不值得相信，在棉花不足的时候我们的劳动人民将遭受怎样的损失，仅考察这一点就足以证明其谬误。

让我来设想一下战争开始两个月后的情形吧。我原本悠闲的海军受到敌军压制，又遭受海战失败，由于敌军实力明显增强而难以长期抵抗，虽然我军欲发挥实力，但海底电缆被悉数割断，全国阴云笼罩，这是敌军来袭的征兆，我陆军奉命集结于南方准备抗登陆作战。此后，由于与外界的交通全部被阻断，只能依靠想象来分析国内形势。定期航船或在海上被拿捕或被击沉，海上交通完全落入敌手，通商由于敌舰横行而航路被断绝，我国海港或受到袭扰或被迫缴纳罚金。据谍报消息，在印度的英国士兵先是对抗敌军，后是清剿土匪。我国在马耳他的要冲被攻陷，海外领地悉数被夺走。粮食被敌人列为战时禁制品受到封锁无法运入港口，英国企业、臣民在大陆各国国民的嘲笑中度日，在垂死中苦苦挣扎，人民只能从事一些低级的记账工作。

回顾1862年，当时由于大陆封锁，英国国内公债价格暴跌，在印度的投资悉数丧失，贸易断绝，工业部门除造船业之外全部萎缩，纺纱机停止了运转，棉纺工厂悄无声息；工资猝然暴跌，物价飞涨；火车由于无货可运不再飞奔，运输系统职员大多因裁员而失业；银行和社会日益蒙受惨重的损失，富豪们的定期红利减少，店员的收益和职工的工资也受到影响。整个社会需要米、盐的呼声不断，伦敦东部的人们强烈呼吁无论付出什么代价也要恢复和平，伦敦北部的工人在棉花匮乏的时候几乎濒临饿死。回想当时的情形，尽管粮食进口仍在继续，却仅仅因为棉花缺乏就出现了上述严峻的局面。而如今的情况与当年已经大相径庭，若在海战中失败，明日之困难将比那时严重百倍。届时，我船舶不论是公有，还是私有，为避免敌人的攻击都将不能出航而充塞港池。政府虽然制订了计划表示将在两年间建造200艘舰船。但是，如果舰队软弱的话，两周内敌人就会攻破我国门，我方若在战争开始时不具备抗击敌军六个月的能力，则我们正在建造的舰船都将变成敌人的军力，我国巨大的财力也将无用武之地。到那时，下层人民的忍耐会达到极限，强烈要求只要能够恢复和平，无论对方提出什么条件都应当立即签订和平条约。结果，就会像以英法战争为题的小说中描述的那样，在屈辱的和约下，英国只能配备少数的军舰，其他全部归于敌人之手，多佛和怀特岛归入敌人版图，还要赔偿5.6亿英镑的赔款，放弃海外自治领地、新西兰以及直辖殖民地。此时，英国的城市街道上蔓草丛生，到处能够看到倒闭的工厂、关门的银行、发动叛乱的社会党，我们千辛万苦获得的世界市场被敌人剥夺，无法再失而复得，印度也被敌人收入囊中，无论是王侯将相，还是企业家、市民全都要过着忍苦挨痛的日子。

1862年棉花匮乏带给我们的损失达6600万英镑，这其中的一半实际上是工人的薪水，十分之一是商铺的利润。然而，当年受到的这些损失仍限于部分地区，属于局部性的。而将来我海军一旦被击败，问题会严重得多，国内各地都将蒙受损失，各领域工业企业都将停产，其困难程度将超过法国发生大革命后面临的困境。如果说当年法国人遭受的打击如同手脚遭到重创的话，那么现在我们面临的是大动脉被割断。加之我们没有邻国那样肥沃的土地，无法自己耕种养活自己，所以一旦遭受挫折，将元气大伤，一路颓废，永世不得翻身，居住在大不列颠土地上的国民只能奄奄待毙。反之，若我国能洞悉时势于未然，深知维持我制海权的必要性，我海军能占据优势，我国民能勇敢善战，就绝对不会发生战争，即使开启战端也必将使敌军像海水撞击岩石一样粉身碎骨。届时，即使我们会遇到一些困难，但我们的军舰在海上往来穿梭，敌国的港湾都被严密封锁，战场被推向敌人的沿海，我陆军可对敌国土任意打击，我通商可不受任何影响，国家的繁荣昌盛一如既往。

一旦我海军占据优势，我国将发挥持久作战能力和无限的战斗力，将袭击我舰队的入侵者赶回本土，完全掌握制海权，编成更强大的陆军，国民每日为捷报频传、不再受任何侵略之苦而欢欣鼓舞，不仅本国领土上再也看不到敌国的旗帜，还进一步占领敌人的殖民地，逐步恢复我海外领地与祖国的联系。从此，敌军的侵扰被杜绝，我海港不再受敌人袭击的困扰，海峡通航安全得到了确保。战争结束后，我国工业依然蓬勃发展，国力明显增强，重新到世界各地开拓市场，劳动者不再担心粮食短缺，生活日益改善，国家的安全和繁荣昌盛得以持久维护，我民族更加强大，并将延续至下一世纪。

佐藤非常赞同威尔逊的观点，指出如果与大陆某国开启战端，日本海军被打败的话，国家所面临的困窘也必将如前所述。当时日本国内有不少人认为，只要有陆军在就不必害怕外敌侵袭，即使敌人占领了部分领土，日军早晚会将其击退，恢复国家繁荣。对于这样的观点，佐藤批驳道："虽然我邻邦的陆军并不多么精锐强大，可如果我海军战败，敌人就可控制我军港及周边地区，输送陆军登陆，自由攻击蹂躏我国土……若是这样，即使我们能够击败敌军将其赶出国土，还能够在保持国家繁荣的前提下结束战争吗？对此我非常怀疑。相反，若我舰队能击败敌军并掌握了制海权，阻断敌运送陆军的航路，转而采取攻势将战场推至敌国的领海，那么我们不需要全力进行本土自卫，工商业也能够顺利运转，国家上下可安然无恙，如此才有希望增强国家财力。这时有人可能会说：'即使我舰队战败，敌军控制了海上，可是我们的陆军不是还在吗？只要敌人输送的登陆部队不能打败我陆军，他们也就只能炮轰我沿岸城镇，占领我们的两三个岛屿而已。此外，对方未必要吞并我国领土，其目的不过是要击溃我在大陆的军事势力，因此即使不幸战败也不会导致国家崩溃。'如果真如论者所言，倒更应该警醒我国民，要像当年英国人被丹麦所败后那样赶快觉醒，立志定百年大计，完善我国的防线。"

佐藤提出，要经常充实国防力量，建设一支常胜军队，夺常胜之果。国防一旦本末倒置，让外国掌控了制海权，将战场推到日本的领海范围内，则日本海军就会陷入威尔逊所描绘的困境，被一击而溃，最终难以恢复元气。佐藤进一步担忧道："何况敌军所希望的可能不仅是击败我帝国在大陆的势力，若他们看透我环海群岛和南北沃土实际上是维系我国家存亡、繁荣的宝藏，进而产生防止我国他日东山再起之念，那后果将更加不堪设想。"

佐藤还引用另一位英国人威尔金逊的一篇题为《海上管制》的论文，进一步阐述自己的观点。在这篇论文中，威尔金逊警告说："在过去五年的研究中，我对英法两国之间战争的所有疑问都解开了。那就是，战争必首先开始于制海权的争夺，两国海军要厮杀到击败敌军，使对手放弃海上争锋退回到军港。至此，胜利者即可压制敌人处于劣势的舰队，使其无所作为，继而捕获敌商船或逐个切断其海上航线，然后自由输送自己的陆军。而作为败者因为再也不能与敌人展开海上较量，所能做的只有袭扰胜利者的海上运输以追求局部的作战目标。我分析法国人的做法应当首先是禁止商船出港，然后派遣巡洋舰阻挠英国船舶航行。然而，这些与海上决战相比，其意义和价值只是第二位的，可由我们的巡洋舰实施海上巡逻来应对。然而，如果我们在海战中失败，我国的贸易就会完全断绝，我们的商船会全部归敌人所有。所以，若我们削减用于夺取制海权的兵力，就不能保护商船；若不击败敌人的舰队，则不能掌握制海权；若没有得到制海权，既不能防止敌舰队来袭，也不能运送陆军攻击敌岸，更不能遏制敌人对我登陆部队航渡、登陆的阻挠。"

佐藤根据威尔金逊的观点提出，国防的第一目标在于夺取制海权，取得首战胜利；军备方针的出发点在于贯彻国防的目的，发展制海的装备和设施。无论是国防设施建设，还是海军装备发展，都应以构筑制海能力为首要。此外，从另一个角度来看，岸防装备发展应以在没有强势舰队支援的情况下能实现防御为目标，若没有这样的装备就不能行防御之实。换言之，如果海岸要塞不能与本国处于劣势的舰队协力迎战敌强势舰队，则结果会是舰队被击溃，要塞被攻陷。甚至可更进一步讲，在本国舰队较弱的情况下，虽然拥有坚固的海岸要塞，若不能举要塞之力协助舰队，反而会置本国弱势舰队于死地。大凡海岛国家与大陆国家的战争必始于海战，海战胜利的一方会在敌国的防御薄弱地区登陆，海陆联合攻占其要塞，进而占领要塞环海各个岛屿，破坏敌国的通商和渔业，封锁其国都或大都市。此过程中，主要是舰队担负作战任务，只有在攻击大要塞的时候才动用陆军。此时，守军若能知道敌军的进攻地点，倾全力采取防御措施，就可以完成其防御的任务。可是攻击一方登陆地点的选择有很大的随机性，守军很难准确推断其真实的进攻意图。所以攻者往往能够倾注全力，守者则只能以部分兵力相对抗。

为进一步阐明自己的观点，佐藤进行了如下假设：

假如通过谍报得知敌军将在某地登陆，迅速调集其他地方的卫戍兵力赶赴该地，但陆地机动不如海上那样便捷迅速，即使计划得当，援兵也难以及时到达。毋庸置疑，地理环境不同则兵力调集的难易程度也不同，调兵的距离越远，海路机动就显得比陆路更容易，在运输军备物资时更是如此。例如，近期在进攻大连、旅顺和威海卫的作战中，清军通过陆地调遣军队就较为困难，而我军走海路运送陆军就较为容易。又如，因为渡过鸭绿江的第一军经串浦走水路运输，才得以有继续前进的力量。所以，未来一旦出现敌人跨海进攻我本土的态势，我要塞要避免被敌人攻陷，就必须派出我舰队，击破敌舰队，断其后援之路，之后再清剿登陆的敌军。否则，要塞地区就可能腹背受敌，恐怕堡垒在驰援兵力抵达前就已插上了敌人的旗帜。假如现在我舰队在西海（指日本海）战败，退回至佐世保，面对敌强势舰队的严密封锁，我军舰或退入军港，或沉于海底，失去了继续战斗的勇气。在此情况下，敌军封锁舰队撤离佐世保，将萨南诸岛定为出征根据地，以一队护卫舰队运送大批陆军进入纪淡海峡，在和歌山附近登陆，即使其登陆地点非常明确，我退守佐世保的舰队又该采取何种举动呢？我一想到上级届时将会下达的命令就会不寒而栗。假如敌舰队继续监视佐世保，而敌陆军已在和歌山附近登陆，我们无疑会接到"摆脱封锁来支援登陆地点"的命令。但是，正如战史中记载的那样，军队出动后未必如司令所愿。很多情况下，在受到外界压力时，人们会作出不得已的举动。若敌军出现在我纪淡海峡，面对没有把握的作战，我（舰队）司令官除了舍弃胜败之算，寄希望于建立奇功外，没有任何其他办法。然而，正如我在前面论述的那样，局部防御只能被敌军强势舰队所利用，以击破我舰队而已（含义是敌军在局部地区的登陆作战也可能是攻其必救，意在消灭前来驰援的舰队）。当然，纪淡海峡这样重要的地方，如果像泰晤士河口那样不作任何防御，敌人占领起来当然会容易得多，因此适当调用军备实施临时防御还是应该的。但我们若将防御这些要地的军备投入转用于增强我舰队的实力，则必可建成一支不亚于敌军的舰队，我国防收益无疑会更大。

佐藤认为，国防的目的是自卫防御，在于增加帝国利益，维持和平，要实现这一目的就要夺取制海权，并将此作为军备的首要任务。如果只注重加强陆地、沿岸防御力量，忽视海军军备，则非但不能达到国防的目的，并且必定会品尝惨败的苦果。我们必须与不断扩张海军的列强保持实力均衡，这是不争的道理。然而，军备盲目追求与其他国家平衡，而不研究其是否符合国防目的，是否会过犹不及，其结果就会要么耗费国力过度建设，要么发展的军备不能满足国防要求。所以，军备完善要常态化、持之以恒，就必须确定应遵循的标准，并作出相应的计划。

但他同时也承认，至于应当按照什么标准来制订舰队建设计划并付诸实施，是件极困难的事情，难以轻易作出决定。英国设定了"两强"标准，以维持对法俄两国的海军势力均衡；德国打造了两支舰队分别负责北海和波罗的海的防卫。如果日本也根据这样的思路来作出军备建设计划，就要对列强各国能够向东洋派遣的兵力进行战术研究。由于在远东有海军活动的列强众多，这样的军备计划如要做到不留遗憾，就需要大量投入，国民的负担会非常沉重。佐藤分析了当时本国的国情、国力，认为日本的军备水平不可能达到可策万全的地步。因此，他提出首先确定海军军备应予维持的底线，并竭力维持这一底线。

19世纪末至20世纪初，很多日本人分析世界军事问题时，强调以陆军、海军联合来实施防御战争，并从这个角度确定舰队和沿岸要塞、陆上移动部队的关系。但佐藤的结论却是：海军要塞在己方占据优势的舰队发挥作用之后才能发挥其功能；当己方舰队处于劣势后，利用这些要塞的防御功能与敌军对峙只是不切实际的幻想。因此，无论在什么情况下，日本都必须对假想敌之一国可用于对日交战的舰队实力保持相对优势（当时日本海军确定了美、俄、法等数个假想敌）。佐藤在《帝国国防论》中明确指出："在帝国海军的相对实力优势日益削弱之际，为防万一，必须采取一切手段扩大海军，以达到上述底线，这是当局者不可推卸的责任。"

佐藤认为，在日本当时的形势下，确定与某国开战时的军备标准尚属于远期目标，没必要过分讨论，更没必要争论那样的标准国力到底是否允许，最重要的问题是，应基于现实制定对策，使国防做到进可攻，退可守。为了作出决定，至少要对不远的将来敌人海军力量的发展进行推定，慎重周详地调查其实力，进而确定能够与之保持均衡的最低限度的实力。佐藤提出这一主张的背景是当时日本军界不少人仍心怀"三国干涉还辽"之恨，主张以应对俄、法、德三国结盟为标准发展军备。对于这种论调，佐藤甚至不屑一顾，抨击他们"动辄逞想象之能"。他通过查阅大量战史，发现历史上不乏国家利用联盟打压敌国获胜的战例，但物质上的实力优势并非决定战争胜败的要因，也有很多处于弱势的舰队成功对抗强势舰队的史实。所以，他认为欧美各国虽然海军强大，但能前往东洋作战的兵力有限，日本应认真分析欧美各国在今后可预见的时期内能够派往东洋的兵力，有针对性地发展军备，完善国防建设。佐藤确信古今战史的启示，认为与军事联盟对阵时，只要击破其中最强大一国的舰队，其他舰队将不攻自破。所以，日本要认真分析该假想敌的实力，确定可与之保持均衡的兵力，也就是海军能够采取的最低军备标准。通过分析当时日本的周边形势，他认为日本各假想敌国中，能够向东洋派遣最强大海军的是俄国。日本在确定最小限额的军备标准时，要保证能够与该国派往东洋的海军力量相抗衡。

在《帝国国防论》中，佐藤论述道："随着国家目标的变化和时局变迁，军备计划应相应调整，难免会有一些变动。或根据需要临时采取一些措施，或为实现某些目的而增设内容，或根据时局变化对某些装备进行增减取舍。然而，在很多情况下，如果装备采购事先无既定的国防方针，则当局者将苦于无据可依，只能根据时局临时制订和落实计划。如此一来，其军备计划就容易生变，轻重缓急失度，或造成浪费，或背离原来的目标，最后造成难以挽回的后果，蒙受巨大损失。加之当局的决策容易受权力消长和个人偏好的影响而无视大局，结果必然会贻误国家大计。即使前任有识之士确定了军备计划，并期望全力实施、日后取得成效，可一旦与他意见相左的后任当权，就可能完全推翻掉。这是国防建设中最忌讳的事，会对国家兴亡产生巨大影响。法国就是这样，他们的战史上也曾有几个有识之士能从世界大局出发，找到使国家强大的计划并付诸实践，可是其后任却不能继续推行。结果，法国的国防大计屡屡被篡改、贻误。因此，日本应当在对军备得失进行充分研究的基础上，确定稳定的国防方针，这个方针要让后人难以随心所欲、擅自修删，除非其有自己的远见卓识，能够力排众议。"

鉴于以上原因，佐藤认为日本国防的第一大要义，应当是以对世界军事大势的分析为依据，确定国家军备能够长期遵循的方针，供后人作为依据不断充实完善。关于方针的内容及研究制定的方法，佐藤以要领的形式进行了如下总结：

（1）确定帝国国防应当永远遵循的方针，研究军事问题

165

者当知其所以然。

（2）帝国国防以自卫为宗旨，以确保帝国的威严和利益、维护和平为目的。

（3）为贯彻上述第二个目的，日本必须拥有战时可完成下述任务的军事力量：

其一，确保帝国及领土，使敌人一步也不能踏上我国土；

其二，保护帝国及领土间的交通和各项海上事业；

其三，一旦出现战端，能够恢复和平，确保取得胜利。

（4）为实现上述第三条的目的，首先应当重视与夺取制海权相关的军备建设，并参考列强的军备情况确定标准，努力完善。

（5）帝国国防要以辅助实现第四条为目的，根据需要建设岸防设施，且该设施应当在对第四项规定的军备状况进行调查，确认制海能力是否能与假想敌保持均衡后，再付诸实施。

（6）帝国国防为执行第三条、第四条，应当建设必要的陆上机动部队。

（7）陆上机动部队的海上运输，应以不需要海上机动舰队的直接保护为基准，配备相关装备。

第5章

传世之作与海战秘籍

1907 年，佐藤始任海军大学校教官，讲授"海防史论"。1908 年，他将"海防史论"讲义进一步充实史料后，扩编成《帝国国防史论》一书，该书成为指导日本海军发展的经典著作。在该书中，佐藤首先详细论述了作为"海洋之国""岛屿之国"的日本应以英国为模型，以海军为主干建设一线国防的主张，提出日本海军的主要战略目标是歼灭跨越太平洋的来犯之敌，而该目标的实现，应以确立日本海军在西太平洋的局部优势为前提。佐藤还以马汉的海外扩张论为基础，阐述了自己的全球海洋扩张思想。他列举了丰富的历史事例进行论述，声称自己所处的时代"是世界性发展的重要关头，而世界性发展有待于海洋发展，世界发展的前途在海洋上"，日本当效仿英国充分利用有利的地理条件，作为海洋贸易国家实现发展。这一论述标志着佐藤海军战略理论的成熟，同时也对日俄战争后那些主张将大陆扩张作为国策的政治风潮敲响了警钟。在佐藤著作的触发下，从明治四十五年（1912）一直持续到大正三年（1914），日本的军界将领、政界官员以及言论界之间展开了日本到底应当确立何种国家发展道路的大讨论。讨论中，该著作对日本陆军的彻底批判，招来了很多陆军将领的强烈反对和攻击。

自强将命与日本国防

在《帝国国防史论》中，佐藤将"自强将命"这四个字引入了国防理念。中国《易经》有句名言："天行健，君子以自强不息。"这句话的意思是自我修德不冒犯他人，日月昼夜运转不息，必将达到至健之境界，以人欲而不冒犯天德之刚，必将修成守住本应守住的德行。《尚书·胤征》中有"今予以尔有众，奉将天罚"之语，意思是：现在我率领你们众人，执行上天（对敌人）的惩罚。佐藤是比较熟悉中国文化的，他所提的这四个字就源自中国典籍名句。佐藤指出："我们读到'自强'这两个字就会有'自我图强'的认识，就是表示充分发挥自卫实力的意思。'将命'就是'为天命'的意思，理解'自强将命乃我国体之根本，国防和军事亦不能出其外'。"

在该书中，佐藤同样以英国走向兴盛的史例为证，格外钦佩英国人严守"自强"二字的精神。他坚信，英国以自强开拓精神，不去征服大陆，而求财富于海外，遂成就了国家昌盛。如果英国未坚持这一方针，热衷于将版图扩大到欧洲大陆，倾力争夺大陆领土，追逐霸业，不断征战，则其版图非但不能扩大，能否维持国家生存亦未可知。但英国人遵循先哲遗训，割舍了对欧洲大陆的欲望，趁对岸各国世代忙于征服战争之机，专心致力于培养海上威力，坐收渔利，巧妙地实践了海洋主义和"自强"二字，最终成就了国家富强。因此，英国历史上虽然没有腓特烈大帝、亨利四世、路易十四和拿破仑一世那样的大英雄，却成就了欧洲各国列强不能成就的伟业。这都是因为他们放弃了大陆主义，选择了海洋主义，舍弃了征服主义，走上了自强主义之路。

为反证自己的观点，佐藤又引用了拿破仑麾下的将军兼军事评论家若米尼列举的九项国家进行战争的理由：

（1）收回某种权力或是保卫某种权力。

（2）保护和维持国家的最大利益，例如商业、工业、农业等。

（3）援助邻国，其生存乃维护本国安全或均势局面所

169

必需。

（4）履行攻守同盟的义务。

（5）推行某种政治或宗教理论，打倒某种政治或宗教理论，或是保卫某种政治或宗教理论。

（6）用夺取土地的方式来增加国家权势。

（7）保卫国家独立不受到威胁。

（8）报复他国对国家荣誉的侮辱。

（9）满足征服欲。

佐藤指出，若米尼的看法不过是将用兵的目的作为战争根本，纵观当今世界，国家开启战端不外乎这九条中的某一条。日本若走自强之路，未必奉之为圭臬，假如其他强国为了这九项中的某一项或者两项而发动战争，日本对其作好防御准备即可。换言之，日本不应为政治扩张或者宗教目的而使用武力，也绝不可动征服主义之念而黩武，更没有为扩张领土消耗国力、民力的必要。因为这些开战理由不是以维持国体为目的，而且是非常危险的。日本可将维护国家权力、保护生产发展、关心邻国存在、遂行攻守同盟义务作为战争的主要目的，因为若国家安全受到危害或者蒙受屈辱时，无论采用何种手段都必须压制敌人。而且，如果出现危害国家独立或阻碍国家进步的敌国，也丝毫不能姑息，应根据形势需要，采取必要措施以防患于未然。因此，国家在不同情况下，有时虽非出于本意，但也必须进行领土扩张，履行攻守同盟的义务。不过，即使如此，日本仍必须坚持以"自强"二字为方针，以"自强"为今日军备的唯一目的，超过"自强"范畴的军备必须忍痛割舍。

陆军与海军对人口的影响

在近代日本军事战略思想中，佐藤是少有的比较重视人口、经济等基础研究的海军战略理论家。他在《帝国国防史论》中提出："战争对国民造成的损害无法用数字表示。假如有 50 万名壮丁上了战场，至少会有五分之三的人是某一家庭的成员。这些壮丁担负着赡养父母和抚养妻儿的重担。欧美各国大多数父母都是独立生活，而日本是家族合居，兵役和战争引发的忧虑会更多。这些重要的劳动力不断走上战场的结果就是，一个个家庭失去了养家糊口的来源，很多人因此忍饥挨饿。兄弟和儿子都奔赴战场，唯独老父亲一个人留在家里种田的事实让人倍感凄凉。可一旦开战，30 多万士兵就会一心充满忠君爱国热情，与父母分离，抛妻弃子，奔向死地。这种悲惨与开战同始，随着战斗次数的增加，程度会不断加深。而日本国民两千五百年以来一直以献身为道德精髓，美化这种悲惨的境况，冠以炫目的名誉，坚信能够效忠天皇陛下是最大的幸福。受这种道德的影响，他们的精神不仅不会因这种悲惨而变得消极，精忠报国的观念反而会随着战争的推进愈加强烈，并前赴后继。由此可以想象，战争事实上对国民的损害会有多么大。"不过，佐藤又声称战争虽然实际上是在不得已的情况下发生的，但却无法避免，因为恐惧战争而失去扩充军备的勇气是荒谬的。然而，总是向国民鼓吹精忠报国的辞令，并不能实现真正的精忠报国，必须认真探索战争的原因以减少不幸。

佐藤深入分析了陆军、海军军备对人口的影响。他认为陆战结果往往比海战要悲惨得多，这是因为陆战不仅参战士兵数量多，而且他们大多是从国民中义务招募编成的。相反，海战兵员几乎都是职业军人，他们战时不能回家，平时也长年离家航海，无论是否发生战争，都与国家生产几乎没有任何关系。从这一点来看，是否发生战争的差别，仅在于是否有人战死负伤，其他方面可以说几乎没有区别。所以，毋庸置疑，海上战争引发的人口后果并不严重。而对陆军而言，官兵平时和战时的生活状况就存在很大差别，卫生上的关系也非常重大。海军无论战时还是平时，生活状况却没有大的变动，战时比平时反而更能保持良好状态，陆军却不可能有这种奢望。陆战中因病减员绝不在少数，其数量往往达到战死战伤士兵数量的数倍。综合这些方面来考虑，必须承认陆战带给国民的不幸要比海战多得多。从上述角度判断，不需要大量士兵参战、没必要进行陆战的海岛国家，地理上拥有大陆国家无法比拟的优势。

佐藤认为日本不需要配备大量陆军是非常幸运的。历史上，类似法国和奥地利那样的陆海复合型国家，因为必须在海陆两方面建设国防，国力往往增长困难且难以长久。如果日本不幸与大陆接壤，一方面要在国境的防御上布置大量陆军，准备在战时付出巨大的人口代价；另一方面又要耗费巨资，在海上方面保持强大的海军。如果防备不慎，还有可能像路易十四时期的法国那样，沿岸各地都要遭受袭击和骚扰。相反，不太需要海军的俄国和德国以及几乎不需要陆军的英美两国都非常幸运。然而，日本实际上并没有充分利用这种幸运，不仅建设了能够与强国为伍的强大海军，而且又发展数倍于英国的陆军，这是毫无道理的。产生这种现象的根源在于日本国民、当权者以及军人并没有真正理解国防的意义，将第二线、第三线的问题放到与第一线同等重要的位置上。

对周边国家的应对方针

与当时日本陆军的观点不同，佐藤认为虽然从民生发展角度看需要有部分兵力进军中国东北地区和朝鲜半岛，但从国防方面看舍弃这一地区反倒对日本有益。如果日本将这些地区纳入势力范围，就不得不尽力维持对这些地区的统治，这样势必要削弱海上力量建设，而且在维护该地区统治的同时，还要时刻留意本国防卫可能发生的危机。

佐藤建议对上述的战略应遵循以下方针：

（1）应帮助中国人使其严守边关的北大门。

（2）协助发展朝鲜国力，改善其国政，使其成为缓冲地带，以缓解日本面临的压力。

（3）在满洲（**中国东北地区**）方面，化解中国的对日疑虑，使其了解日本帝国的愿望是和平开发资源，以永远维持该地区的和平。

（4）俄国远东地区距其欧洲部分的中心地区偏远，要巧妙地利用这一弱点，增大其后顾之忧，迫使其力量向中亚和蒙古以西分布，从而防止其将主要力量集中于远东。

（5）日本在满洲地区的设施应用于和平目的，应是世界性的，以杜绝其成为祸端（**主要意思是避免因垄断激化日本与列强的矛盾**）。

（6）与其针对朝鲜发展军备实施威慑，不如协助朝鲜增强国力，使其成为对抗俄国的屏障，从而使日本得以自由从事海洋事业。

佐藤坚信，如果将以上六条作为基础，稳妥确定军备发展的规模和轻重缓急，对满洲不采取武断的独占式入侵，不久就能够看到非常圆满的结果。他指出："要维护国体，首先要保持国家的持久繁荣，逐步贯彻建国的初衷，以待天命降临。尤其是要成为世界性的大国，就应不管邻国如何做、怎样做，我们都必须坚持向海洋发展。那些一方面发展陆权，另一方面要发展海洋事业的大陆国家，就好比要同时右手画圆、左手画方，必然顾此失彼，难以持久保持世界大国地位。相反，像我国和英国这样的岛国，则拥有永续世界大国地位的先天条件。对此，我们要予以足够的认识和重视，不要丢掉这一天赐优势。总之，我帝国军备应坚持唯海主义是毋庸置疑的。然而，某些国民不知道维护我国崇高无上的国体乃第一要义，只是稀里糊涂地把'开国进取'作为国策宗旨和国家的发展目标，一味仿效那些早已山河变色的古代大国，只顾追逐权势和财富，向往昙花一现式的繁荣，而不知道其中蕴含的危险性，让人不禁感到痛心疾首。更可悲的是，这种思想不仅存在于部分人士之间，已成为时下非常流行的论调。"

当时，日本国内无论是军界、政界还是街头巷尾都充斥着进军满洲的喧嚣。对此，佐藤深感忧虑地指出，时议中所谓的国防也就是要首先守住满洲和朝鲜，如果日军以满洲为第一战场，采取攻势作战，则必须以此为基点制订军备计划，加强向满洲、朝鲜平原快速输送陆军的能力，而且战端一开，到战争后期势必还会需要更多的陆军。假如陆军平时保持二三十个师团的话，战时即使扩编到五六十个师团也未必够用。更进一步看，如果日本的军备以维持对满洲和朝鲜的占领为首要，则无疑要以俄国为假想敌。如此一来，即使俄国不进行复仇战争，日本也必须发展规模巨大的陆军以保持平衡，其结果本土自卫与保护国体就只能居于次要地位，这种所谓的国防显然是本末倒置，是十分错误的。

当时，日本国内也有部分人认为，虽然在日俄战争后俄国国内出现了较大纷争，但战后仍在北满地区架设横贯各地的铁路，部署了很多兵力，其用意显然是在作复仇战争准备，令人担忧。对于俄国在黑龙江沿岸架设铁路的行为，日本国内有人分析认为，俄国丢失了大连和旅顺，现在只能以海参崴为门户，因此完善该方向的交通线，无疑是为了日后战争所用。对此观点，佐藤则持有不同意见，认为："俄国为了保卫本国领域部署一定数量的常备军是非常正常的。鉴于战败教训，为防止日本重新开战，确保一线兵力能够与日军相对峙，配置较以前更具优势的兵力也是自然的，因此断言俄国在准备复仇战争为时尚早。如果俄国现在就开始准备复仇的话，在该地区部署的兵力就必须达到七八十万。事实上，俄方目前的兵力远未到这个规模，仅仅看到目前俄国兵力数量超过了战前，就断定他们在积极作战争准备，显然很可笑。认为维持在满洲和朝鲜半岛势力非常重要的观点，与认为国防的本意是采取攻势、如果不渡海向大陆扩张就不能保全国防、所谓国防就是在满韩用兵、一提起'敌'字就认为是俄国等偏见，实际上是帝国国防的大患!"

海战秘籍《海军战理学》

佐藤的研究重点虽然多集中于国防战略和海军，但作为一位亲身经历过甲午海战和日俄海战的日本海军军官，并没有忽视对海上作战理论的关注。在日本海军大学担任教官期间，佐藤就讲授过"海军战理学"并汇编成讲义，试图把战略与战术结合起来阐发自己的观点。日本海军大学很重视佐藤在这方面的研究，于大正二年（1913）以保密教材的形式出版了《海军战理学》。佐藤的这本著作虽然因为保密，未能像《帝国国防史论》那样广泛流传，但对日本海军作战思想的影响还是比较大的。日本战略学家高桥弘道在仔细研究了日本海军《海战要务令》的演变后指出，佐藤以其"以寡敌众"的战术替代了秋山真之海军中将的"以众敌寡"的战术，并充分体现在从第一海战要务令（1910）至第二海战要务令（1920）的内容变化上。

在《海军战理学》的开篇，佐藤首先谈了自己对"兵学"的认识，认为"兵学并不是纤细而有秩序的理论性学问，而是非常玄妙的、平凡又实际的活学。它是一门将物质方面的影响和精神方面的影响融为一体，散发着趣味的学问，正所谓禅道中所讲的金波罗花的一拈以无言胜百辩（源自佛教典故，传说释迦牟尼一次讲经时不发一言，仅仅手捻金波罗花对听讲者微笑，寓意学习佛法必须领会佛教的根本精神，而这种精神不是语言能表达的），这是对兵学一种非常好的阐释……那些试图用几何学或逻辑学细致推理说明的兵法，不过是赵括兵法，纸上谈兵而已"。

他还指出，任何物体在绝对静止的情况下，绝对不会产生力量，无论其质量有多大，如果没有运动就绝对不会表现出任何活力，若物体能充分运动，即使其质量不很大，也有可能会表现出惊人的活力，学习用兵之道的精髓在于研究"兵"的"活力"。他还以"大活力"一词概括自己讲义的宗旨，以分配大活力的方程式"$f=mv^2$"涵盖其兵学讲义的全部内容。其中，"f"是指"大活力"；"m"表示实际兵力，军舰、兵器、训练、组织等都可以视为物质方面的实际力量；"v"则表示兵力活动，包括用兵作战的整体作用等。他还认为战略战术的巧妙运用可以使"v"增值，军备的充实就意味着"*m*"的上升，并相信两者的相互作用可使军备焕发出巨大的能量。

关于战略、战术的定义，佐藤给出了一个别致的解释："何时何处——战略；怎么样——战术；如何击溃敌军——炮术水雷术等。"即战略是如何在适当的时机将占据优势的军队配置在适当地方的方法；战术可以定义为如何发挥出军队最大战斗力的方法。关于装备和战术的关系，佐藤更重视战法，认为"新战法的运用密切关系到战争胜败，将军的伟大之处往往体现在新战法的运用上"，"过分重视物质条件非常危险"，当然，装备的改良也非常重要。关于用兵为将之道，佐藤指出自古以来的名将指挥作战都离不开"精悍"二字，即调兵遣将、进退攻防都很"爽快"，讲究敏捷、果断、不屈不挠。

关于战术运用，佐藤指出，奇偶分合是战争的精髓，陆战中最能发挥出"集中"战术的效能、充分体现机动活力的是拿破仑，在海战中灵活运用这种战法的则是纳尔逊。自古以来的海战中，兵力的集散与战略得失关系甚大，能够在一天内发挥十天进攻能量的编队肯定能够取胜。不过，佐藤也认为虽然古今兵书传承了很多复杂的战法，身经百战的将领往往也会积累很多战术经验，但这些倒可能成为影响制胜的包袱，真正有用的战术会很简单，有时候看起来"并不是多么惊人而巧妙的东西";所谓"新战术"其实就是跳出敌军将领的经验,让敌人在战场上无法适应的战术。从另一方面看,战争的胜利也未必都来自巧妙的战法,在很多情况下还取决于主帅麾下将士们的勇气和耐力。纵观古今众多海战战例,可就战法作出如下结论:

(1)拘泥于战术利害关系的人无法取得大的胜利。

(2)主将首先要参与战斗并让全体将士看到自己的英姿,若将自己置于编队后方,或把将旗挂在其他快速的小舰、小艇上,将会导致失败。

(3)有效的作战以"抵近交战"为原则,远而攻之不如不攻。

(4)要不惧一时的危险和不利,竭尽全力攻敌一点;无论攻击点的选定是否恰当,攻击开始后的决心大小是决定胜负的主要原因。

从《海军战理学》的讲义来看,佐藤显然没有十分看重编队或舰艇具体的战术运用,而是更多地从基本理论和战略两个层面阐发自己的观点。所以,这本战理学的大部分内容读起来更像是一部军事哲学和海军战略的混合物。对此,旧日本海军出身的战史学者中村义彦曾在战后撰写的论文中批评道:"(佐藤理论的)内容只是效法马汉派的海洋立国论,明显缺少具体性。没有具体性的理论应该被舍弃掉。"

——第6章——

佐藤理论的湮没与复活

理论家的悲剧宿命

古今中外，曲高和寡、生前落寞、死后成名往往是不少思想家、理论家的宿命。比如，孔子虽然被奉为中国儒教的圣人，受到历代敬仰，但在高度现实主义的春秋战国时代，几乎所有的国君关注的都是如何在尔虞我诈、你死我活的斗争中生存下去，如何建立令其他国家臣服的霸业，因此孔子虽然周游列国，四处宣扬其理论却得不到各国的重视，抱负也难以施展，其本人也落魄如"丧家之犬"。佐藤的名望和成就虽然难以与中国的圣人相比，但其理论和人生的处境、遭遇却与孔子不乏相似之处。

首先，超前的理论注定要遭遇孤独，佐藤的海军战略理论虽然符合当时的国际潮流，却超越了日本发展的历史节奏。他的理论是在总结资本主义生产关系和生产力比较发达的欧美国家国防历史经验教训的基础上建立的。这些理论对当时的英美等国而言算不上先进，而在当时的日本又显得过于先进。19世纪末至20世纪初，日本仍然是一个半封建国家，其发达仅仅是相对于亚洲邻国而言，而在欧美社会，日本出产的工业品还被作为劣质品的代名词，竞争力很弱。即使在中国等亚洲市场，日本纱布的市场竞争力不仅难以与欧美产品相比，甚至时常被中国民族企业击败。因此，佐藤主张像英国那样靠通商实现国家繁荣，靠海军保护通商，实际上脱离了当时日本的国情。从现实主义视角看，当时的日本如果主要依靠商业竞争是斗不过欧美列强的，最简单实用的办法就是凭借武力到距离最近、市场最广大的中国掠夺。因此，从实践角度看，对于佐藤的高论，日本当政者初次拜读、赞赏一阵子之后，也选择了抛弃，最后把炮口主要指向了中国而不是海洋。战后，旧日本海军出身的教授松野吉寅曾这样批评佐藤的主张："虽说日本与英国在地理上有类似之处，但当时的英国是贸易立国，而日本是90%的人口为农民的农本主义社会。如果考虑到日本的现实情况，佐藤所说的恐怕还为时尚早。"

其次，佐藤的理论具有历史超越性，但难以掩饰形而上学的缺陷，背离了当时的国策，只能遭受冷落。佐藤的海军战略学一直试图与国家战略和外交联系起来，试图从归纳各国国防历史经验的角度探求日本外交应选择的正确道路。他认为，日本外交是基于历史形成的，当前的外交应在追溯研究与对象国有无边境纠纷、过去的关系是否友好、利害关系是否一致等历史问题的基础上展开，甚至必须考虑今天的外交会不会为将来留下祸根。他反对日本侵略朝鲜半岛和中国东北的国防观点，其实也是对当时外交的批判。在日本正式吞并朝鲜半岛（1910）前，他就曾指出，朝鲜对岛国日本来说，酷似爱尔兰对英国的关系，邻国一旦成为不共戴天的敌人，会在外交、安全上招致重大不利。二战结束以来，使日本外交备受困扰的负面遗产正是近代这段军事外交侵略历史，这证明了佐藤当初预言的正确性。不过，佐藤试图完全把英国的地缘安全经验照搬于日本，也有比葫芦画瓢的味道。西欧大陆与东亚大陆最大的不同在于，前者是由若干个国土、人口与英国差不多的国家构成的，后者则存在一个国土、人口远远超过包括日本在内的任何周边国家的中国。对英国来说，尽管与大陆有一峡之隔，但由于欧洲大陆各国实力均衡且总是在相互争斗，英国在欧洲总不会陷入孤立，只要拥有制海权和较强的国力，总可以在某个大陆国家的帮助下，制衡、击败试图侵略英国本土的另一个大陆强国，作为离岸平衡手段主导欧洲局势。但是，在东亚，日本找不到国土和人口可以平衡中国的力量，只要中国能够实现统一并建立强有力的政府，日本就难以获得类似英国的优势地位。而且，在当时中国已成为欧美列强竞相争抢的殖民市场和亚洲安全政策焦点的情况下，让难以在欧美打开市场的日本远离中国，走类似英国的全球通商道路也缺乏现实性。因此，从当时的地缘政治环境看，对主张大陆政策的日本人而言，佐藤主张的说服力是不够的——他们正是担心中国统一后日本称霸亚洲无望，才不惜扩大侵略，企图吞并中国的。

再次，佐藤的理论虽然有利于日本海军的国内政治利益，却受制于长期形成的政治格局和国策，很难转化为现实的战略实践。日本学者石川泰志认为："佐藤的悲剧在于他是一个军人，要保卫自己的祖国，而国家采取了违反自己发展的国防大原则的国策。"这种观点虽然有其合理性，但仍比较片面，没有考虑到日本的政治格局。从当时日本的政治格局看，日本国内政治可分为政界、军部、天皇三大势力，而日本海军在军部中的地位和影响长期是低于陆军的。从明治维新开始到1945年，日本陆军出身的首相远比海军出身的首相要多得多。佐藤虽然官至中将，但毕竟处于日本军界决策层的边缘，其观点要变成军部主流认识就已经很难，更不用说进入政界决策层了。佐藤的事业辉煌时期恰恰也是山本权兵卫担任首相后，日本海军政治地位较高的一段时期，此后陆军再度成为军界主流，佐藤的人生和理论影响也就开始走下坡路了。到了20世纪30年代以后，当陆军主导的军部权倾朝野时，佐藤的存在几乎被人遗忘了。

佐藤理论遭遇的围攻

在日本明治、大正时代，普通的日本军人考虑问题是很简单的，一些"忧国"的军人谈论国策往往流于军事形势解说和军备主张，只是一味慨叹国民缺少爱国心，完全不考虑财政、经济对民生的影响。佐藤与这些普通军官不同，他以较为宽广的视野，通过分析国内外历史，探求像日本这样的岛国应采取什么样的国防方针；他的战略思想并不限于军事，还涉及政治和经济领域；他的理论不仅得到日本海军高层的支持，在政界也不乏呼应者。不过，也正因为如此，才引起了陆军高级将领及其政界头面人物的广泛不满，招致山县有朋、田中义一、石原莞尔等人的激烈反击。

佐藤著作提出的观点很多都是针对"大陆政策"的，不仅将陆军的大陆政策批驳得体无完肤，而且公然主张日本国防应以海军为大，让陆军"打下手"。这是日本陆军将领和陆军出身的政治家绝对难以容忍的。田中义一陆军大将、宇垣一成陆军大将、石原莞尔陆军中将，大正九年（1920）以后作为《外交时报》杂志的编辑兼发行人、提倡打破华盛顿体制扩张大陆的半泽玉城等，都曾点名批判佐藤。半泽玉城在著作《国防时论》中公开批驳道："为了扩张海军而高唱陆军无用论，主张放弃满洲、朝鲜，俨然要推翻帝国的国策，身为帝国军人却亲口说出如同主张割让国土的言论，真是奇怪之至。我想知道，佐藤海军少将的国防意见果真是代表帝国海军省的方针吗？"批判佐藤的急先锋宇垣一成陆军大将严厉批评说，根据陆军优先的国策和大陆扩张政策，"统治我自给经济的范围（主要是中国），并对此倾注国家精力是国防的本意"；"佐藤海军中将的'如果是岛国就以海为主'等外行言论是误国论，'日本是海国，所以国防必须以海为主'是错误的言论"。

佐藤的海军战略主张在明治末年和大正前期一度成为日本海军界的主流观点。当时，日本海军大部分高级将领都讨厌陆军整天叫嚣向大陆进军，主张学习英国走海军强国之路。然而，在进入大正后期尤其是华盛顿会议后，日本海军内部开始发生分裂，形成了"条约派"和"舰队派"两大派系。其中不断壮大的"舰队派"出现了追随陆军的动向，认为应将岛国日本改造成大陆国家。在陆军人脉很广的海军少将石川信吾作为"舰队派"首屈一指的谋士，就声称："日本国内为产业能力过大、人口过多而忧愁，在国外则因日本人不得入内的警示牌和排斥日货而苦恼。对日本来说，满洲是唯一的出路。这是因为满蒙是我邻接地区，经营这一地区乃国际关系的自然现象，没什么不可思议的。尽管这样，威胁日本民族这一唯一生命线的是美国以及苏联的对华政策。"后来，当"舰队派"到 20 世纪 30 年代坐大后，佐藤理论在海军内部也变得批者多、赞者少了。

1945 年日本在第二次世界大战中的战败在一定程度上证明了佐藤战略观点的远见和正确。然而，战后一个时期少数日本人仍然未放弃对佐藤的批判。原防卫厅战史部主任研究官、出身陆军的黑野耐氏曾在其著作中这样评论："佐藤提出，为了在有事时夺取战争的胜利，将夺取制海权的相关军备置于首要位置，否定向朝鲜半岛、大陆的扩张，将陆军改为遂行补充海军任务的地面移动军队；主张为了夺取制海权，在敌人的领海内击败敌舰队。这种思想由于否认向朝鲜半岛、大陆的扩张，将'北守'的第一线置于海上，将陆军作为海军的补充，这等同于否定陆军，是一种非现实性的提议。"黑野还批驳了佐藤在转为预备役后提出的海军主导国防的构想，而肯定当年海军条约派的主张，认为当时"只能向满蒙寻求日本的发展，这种情况下的主体当然是陆军。

万一美国对此进行干涉时，海军最低限度能够保住台湾—西南群岛—小笠原群岛—千岛群岛一线内的制海权就足够了。也就是说，佐藤必须要向宇垣陆军大将主张的日本国防应'陆主海从'的主张认输"。他还进一步批判佐藤的海军军备"对美七成"说，认为"将没有胜利希望的美国作为军备的标准来整备大舰队，这是海军最本质的矛盾。舰队派也好，条约派也好，被批评为只关注保持强大海军，不能从历史变局和日本国策全体来考虑"。

日本对近代国防战略和海军战略的反思

日本伙同德意发动的第二次世界大战给全世界人民带来了空前的惨祸，最终也自食其果。在这场战争中，日本本土在盟军实施的战略轰炸中瓦砾遍地，战后国土被占领，近代以来扩张的领土被剥夺殆尽。惨痛的后果、巨大的代价使日本人不能不对战前的国防路线进行一定程度的反思。

冷战期间，日本政界、学界出于各种动机对近现代扩张历史进行过研究反思，并提出了依赖美国海权维护日本海洋安全的战略思路。其中，最具代表性和影响力的成果是日本自民党海空技术调查会编写的研究报告《海洋国家日本的防卫》与自民党安全保障调查会撰写的《日本的安全防卫》。

《海洋国家日本的防卫》认为，战前日本对马汉"海权"概念的理解存在偏差，经常把海权解读为"海上军事力量"，而实际上海权应指国家在包括军事、通商、航海等诸多方面利用海洋的能力。作为四面环海的岛国，依赖于海洋是日本的宿命，"如果失去了海军和海上通道，其下场是很明显的"。由于未能全面理解海权，导致日本在战争中不重视海上通道的保护，到战争末期由于海军覆灭，连本土岛屿之间的交通都无法维系。日本虽然控制着中国大陆的大部分以及东南亚资源地带，但却最终战败投降。该书认为，战后在战争教训的认识上，日本国民虽然对军国主义的反省"很彻底"，但没有深入思考作为海洋国家的日本为什么当年会推行"大陆政策"，以致与美英等海洋国家为敌而陷于失败。该书还把日本战前海洋扩张实践的失败，归罪于纳粹德国豪斯霍夫地缘政治学说的误导，认为日本军部正是受豪斯霍夫所著的《太平洋地缘政治学》的影响，才与大陆国家德国结盟，提出大东亚共荣圈计划，并与英美海洋势力为敌的。而事实上，在"大陆国家群"与"海洋国家群"的较量中，后者一直居于优势地位。"对日本这样的海洋国家来说，只有与海洋国家密切合作才是明智的"。

《海洋国家日本的防卫》承认日本对美国制海权的依赖，强调"自主防卫"应与日美安保合作相结合。认为战后日本经济之所以能快速重新崛起，主要得益于两个因素：一是殖民体制在世界的消失，以及殖民经济时代势力范围制约的不复存在。日本虽然国内资源贫乏，但得以利用海洋自由从世界各地进口最便宜的原料和能源，并在本国沿海地带加工出口。二是美国拥有压倒性制海权优势，虽然战后世界各地区武装冲突和局部战争频繁，但海洋上却能保持和平自由。在海权的行使中，以军事力量为核心的制海权发挥着保障作用，而二战后的日本虽然不拥有制海权却能推行依存于海洋的国策，是因"受到美国制海权强有力的保护"。不过，该研究报告也指出，"日本并不能永远依靠这种保护"，原因在于担心引发与苏联、中国的核战争，加之难以有效对付潜艇对交通安全的威胁，美国制海权的运用也存在局限性。日本应该改变片面依赖美国的状况，发展海上军事力量。

在意识到美国制海权存在局限性的基础上，《日本的安全防卫》论述了日美海上安全合作的必要性。该报告在论述海上安全时首先把世界战略力量分为陆海两大势力（"大陆圈"和"海洋圈"），提出日本海洋战略地位具有三大特点：其一，"日本的海洋依存度极高，利用海洋可实现繁荣，离开海洋则难以生存。其中海上交通是事关国家生死的生命线"。其二，"日本临近大陆，安全容易受到大陆力量的影响"。其三，"日本列岛在地理上对大陆呈封锁之势，战略价值很大"。为此，日本要维护国家安全必须满足两个战略条件：其一，"绝对不能离反'海洋圈'"。"这也是英国在第一次世界大战后就再也离不开美国的原因，（而日本在第二次世界大战中离反'海洋圈'的代价是）连本土与大陆的交通都无法维系"。其二，"为了应对来自'大陆圈'的威胁，日本有必要拥有一定的自卫能力，特别是反潜兵力"。"只要日本在'海洋圈'内，即使与大陆为敌也能确保国家安全"。该书强调，美日之间的安保合作是"全球性海权和地区性海权的合作"。但是随着潜艇隐蔽、机动技术的提高，美国作为世界性的海权国家，拥有的兵力即便能控制大洋及其上空，但也不能完全控制水下部分，难以确保海上交通安全。日本作为"地区性海权"国家，可以利用其地理优势监视应对来自大陆的潜艇、飞机的袭击。只有美日"全球性海权"和"地区性海权"合作，才能确保海洋上空、水面、水下的安全。

上述两部总结性著作虽然没有提及佐藤铁太郎及其著作观点（这恐怕是顾及对美关系，因为佐藤当年曾是日本海军对美作战构想的始作俑者，且提出过著名的"对美七成"论），但其立论实际上站在佐藤海军理论的延长线上。《海洋国家日本的防卫》对日本的地缘战略定位和基本主张与当年的佐藤几乎完全一致。《日本的安全防卫》所提出的皈依"海洋圈"也不过是佐藤理论逻辑在新的世界安全形势下的延伸。事实上,战后佐藤理论仍然受到个别日本人批判的同时,也有一些人给予了高度肯定,尤其是专门研究外交史和欧美历史的学者们对佐藤的战略思想抱有极高的评价。哈佛大学的入江昭教授最先强调佐藤战略思想的历史意义。1966 年,他在其著作《日本的外交》中评价:"针对陆军的大陆国家论,海军强调由于日本具有岛国的特殊性,国家安全只能通过沿海防卫,即海军力量的充实来维持。胡乱在大陆上发展,不仅是使本土的防卫变得薄弱,而且只能引起与陆军国家俄罗斯和清国的抗争。"旧日本海军最后一届海军军务局长、战后力图重建日本海军的核心人物山本善雄也提出,新日本国必须建立"海主陆从"的防卫体系,"日本国土四面环海且狭长,必须在侵略者到达本土之前于海上将其击溃,打消其侵略企图。而且,缺乏粮食和原材料的日本要想维持国家长治久安和国民生存,必须绝对确保海上交通,因此必须配备海上和航空兵力";"鉴于我国的特殊性,海上和空中的防卫第一,陆上防卫第二,这是非常明显的事情"。

事实上,在 20 世纪 50 年代初日本在美国支持下重新武装时,在警察预备队的首脑和海上保安厅的首脑之间,围绕是否以陆上自卫队为新武装的中心力量问题,也展开过争论。当时，美国一度主张日本只重建陆上武装力量，海空力量缓建。对此，力图重建海军的旧日本海军中将保科善四郎对野村吉三郎进言道："过去我们就是只知道发展陆军犯下大错，您应当给刚刚来日本的特使看看我国的军政史，建议他不要让我们再次犯同样的错误了。"

佐藤铁太郎思想的复活

冷战结束后，日本面临的国内外形势发生了重大变化。以前长期禁锢日本的两极对峙格局彻底崩溃瓦解，经济全球化加速推进，中国综合国力快速提升，日益关注海洋权益和海上安全。上述国际政治安全环境的剧变促使日本思考新形势的防卫战略问题，并在政界、社会展开了大讨论。在各方争论中，"海洋日本论"逐渐崛起并成为主流观点。此论涉及日本政治、安全、经济乃至文化等多个领域，但其核心则在安全领域，很大程度上是"海洋日本"的安全论。其主要观点认为，应明确把日本定位为海洋国家，日本国防战略最重要的是守卫海洋国土，要以此为基础构建日本的国家安全战略。

"海洋日本论"的崛起从某种意义上意味着佐藤理论的复活。实际上，正是在上述争论中，长期被遗忘的佐藤铁太郎才终于重现在日本人的脑海里，他的著作和传记开始大量出现在当今日本书店的书架上，相关评述也如雨后春笋般地在媒体上冒出。日本著名历史学家五百旗真氏指出，佐藤铁太郎是战前将海洋国家的构想具体化的先驱，像日本这样的岛国可以将周边海洋作为"天然屏障"，"使其成为安全上的优势"，日本还拥有通达世界各地的海上交通和贸易优势，可以将此作为发挥全球影响力的源泉，灵活利用周围的海洋，成为一个"海洋国家"。他在评论佐藤的主要著作《帝国国防史论》时表示："从外交战略的观点看，日本与其向大陆进行扩张，不如重视海上权力。英国在欧洲称霸是在11世纪失去大陆领土以后——因为失去了局部的大陆桥头堡，外交反而获得了宏观性和灵活性，能够以较低代价间接地操纵国际政局，从而走上了海洋大国之路。"

《佐藤铁太郎海军中将传》的作者石川泰志指出："佐藤也是时代的产物，其著作中难免会有现代难以理解的国体论和宗教观……不能拘泥于字句的只言片语，无视佐藤战略思想具有的超越时代的普遍性。"佐藤战略思想的基础是"远离自卫，走近侵略，乃亡国之根由"，即如果无视本国的地理条件、超越防守自卫的界限走上侵略的道路，则国家必然会衰退灭亡。战后其格言也得到了证明；佐藤考察的日本国防指针并没有因时代和国际形势的变化而失去意义，其战略思想中对经济民生的考量、力求以最少费用达到最大效果的军备主张、有选择和集中财力建设国防的观点，在任何时代都适用；战后日本防卫应该吸取历史教训，走佐藤主张的"海主陆从"之路，冷战时期日本自卫队形成的"陆主海从"格局违背了这一原则，应尽快改变。

在21世纪的今天，日本很多政治家、学者怀念佐藤抱有很强的目的性，其中一个重要动机就是在21世纪为强化日美同盟，推动日本扩张海洋权益张目。原自卫官、日本防卫问题专家平间洋一曾经发表了多篇研究佐藤铁太郎及其著作的论文，专门对佐藤思想与中国《孙子兵法》的渊源关系进行了深入探讨。他在自己的专著《日英同盟——同盟选择与国家兴衰》中表示，佐藤铁太郎也是日英同盟的支持者，如果当年日本按照佐藤的观点以海洋立国，走"海主陆从"之路，日英同盟就可能在第一次世界大战后继续保持，日本就可能避免悲惨的太平洋战争，继续保持大国地位；当今日本应该牢记佐藤的主张，走海洋国家道路，继续坚持与美国的海权同盟。另一位知名学者、日本拓殖大学校长渡边利夫，在公开发表的论文《海洋国家同盟论再论》中高度肯定佐藤要成为海洋国家、建立强有力海军的主张，宣称日本要以海上自卫队为主体发展军备，与大陆国家中国保持距离，与拥有强大海权的美国加强同盟关系。

有意思的是，佐藤反对日本统治朝鲜半岛和大陆的主张竟然也博得了朝鲜的好感和怀念。韩国国防大学教授朴荣濬曾在题为《日俄战争讲和 100 周年与日本的前进道路》的时事评论中，这样写道："当日本日俄战争胜利的狂热尚未冷却时，佐藤铁太郎就开始冷静地探索日本应寻求的发展道路，于 1908 年撰写了《帝国国防史论》，指出英国繁荣的原因并非是在欧洲大陆膨胀，而是培养海军，采取了防守自卫的国家战略。他主张放弃已获得的满洲和朝鲜是与日本的安全和国家利益密切相关的国家战略。""可惜的是，佐藤铁太郎在当时的日本社会都被当作是异端者，但从长远的历史眼光来看，如果日本能够听取他们这些人的意见，或许就不会有在太平洋战争中的失败吧。"

年　谱

1866年　8月22日出生。

1884年　9月4日考入日本海军兵学校。

1885年　获得学术品行优等勋章。

1886年　以全校第5名的成绩毕业，分配至"筑波"舰，少尉军衔。

1891年　8月6日，进入日本海军大学学习。

1892年　7月28日，日本海军大学毕业。

1892年　12月21日，任日本海军"赤城"舰航海长。

1894年　9月17日，中日黄海海战，"赤城"舰舰长战死，佐藤接替指挥，摆脱中国军舰围攻。

1895年　4月6日，任日本海军巡洋舰"浪速"舰航海长兼分队长。

1897年　4月1日，任海军省军务局课员，翌年6月晋升为少佐。

1899年　5月13日，任驻英国海军武官。

1901年　1月16日，任驻美国海军武官，当年10月回国。

1902年　1月10日，任日本海军大学教官，当年7月回部
　　　　队某舰任副舰长。

1903年　9月26日，任日本海军装甲巡洋舰"出云"舰副
　　　　舰长。

1906年　1月25日，进入日本海军大学学习。

1907年　4月22日，兼任日本海军大学教官，当年9月
　　　　28日晋升为大佐。

1908年9月—1909年10月　任日本海军二等巡洋舰舰长。

1910年　9月26日，重任日本海军大学教官。

1912年　12月1日，晋升为海军少将，兼任海军军令部第
　　　　四班班长。

1913年　12月1日，任日本海军第一舰队参谋长。

1914年　4月17日，任日本军令部第一班班长，兼任海军
　　　　大学教官。

1915年　8月10日，任海军军令部次长。12月13日，任
　　　　海军大学校长。

1916年　12月1日，晋升为海军中将。

1923年　3月31日，被编入预备役。

1931年　7月13日，退役。

1934 年　7 月 3 日，当选为日本贵族院议员。

1942 年　3 月 4 日，去世。

主 要 著 作

1.《帝国国防论》，1902 年。

2.《海防史论》，1907 年。

3.《帝国国防史论》，1908 年。

4.《帝国国防史论抄》，1912 年。

5.《海军战理学》，1913 年。

6.《走向新日本之路》，1926 年。

7.《国防新论》，1930 年。

参 考 书 目

1.[日]佐藤铁太郎:《帝国国防史论》，原书房，1979 年。

2.[日]黑川雄三:《近代日本の军事战略概史》，芙蓉书房，2003 年。

3.吴廷璆:《日本史》，南开大学出版社，1994 年。

4.王颜昱:《日本军事战略研究》，军事科学出版社，1992 年。